Närrisch voran

Närrisch voran

Büttenreden zum Karneval

herausgegeben von
Doris Kunschmann

Im FALKEN Verlag sind eine Reihe von Titeln zum Thema Karneval erschienen.
Sie sind überall erhältlich, wo es Bücher gibt.

Sie finden uns im Internet: **www.falken.de**

Dieses Buch wurde auf chlorfrei gebleichtem
und säurefreiem Papier gedruckt.

Der Text dieses Buches entspricht den Regeln
der neuen deutschen Rechtschreibung.

ISBN 3 635 60679 0

© 2000 by FALKEN Verlag, 65527 Niedernhausen/Ts.
Die Verwertung der Texte und Illustrationen, auch auszugsweise, ist
ohne Zustimmung des Verlags urheberrechtswidrig und strafbar.
Dies gilt auch für Vervielfältigungen, Übersetzungen, Mikroverfilmung
und für die Verarbeitung mit elektronischen Systemen.

Umschlaggestaltung: Rincón² Design & Produktion GmbH, Köln
Herstellung: Doris Wieke, Wiesbaden; Christina Dinkel
Illustrationen: Assen Münning, Wiesbaden
Redaktion: Doris Wieke, Wiesbaden
Koordination: Regine Gamm
Satz: WIEKEtext, Wiesbaden
Druck: Freiburger Graphische Betriebe GmbH, Freiburg

817 2635 4453 6271

Inhalt

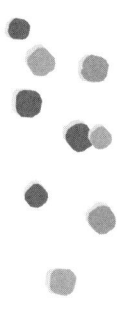

Vorwort 7

Menschen mit Berufung

Der zerstreute Professor 8
 Theo Lücker

Eine moderne Ärztin 12
 Heinz Weyandt

Armer, armer Kerl 15
 Heinz Schmalenbach

Ein Sänger ohne Gnade 19
 Gerd Hinders

Ein Arzt erzählt 26
 Heinz Schmalenbach

Der Angelfreund 30
 Gerd Hinders

Ein Lebensphilosph 36
 Gerd Hinders

Ein erfahrener Psychiater 41
 Gerd Hinders

Der Gymnasiallehrer 47
 Gerd Hinders

Ein kluger Bauer 52
 Heinz Schmalenbach

Autofahrer im Stress 56
Heinz Schmalenbach

... und andere Themen

Auf dem Standesamt 60
Heinz Schmalenbach

Erfolgreiche Rheumatherapie 62
Heinz Schmalenbach

Der Friseurbesuch 64
Heinz Schmalenbach

Gelungene Retourkutsche 66
Heinz Schmalenbach

Immer wieder mal 'ne Kur 68
Karl Lehnhoff

Endgültig geheilt 70
Heinz Schmalenbach

Jägerfreud und Jägerleid 72
Josef Hartmann

Gestern im Taxi 75
Heinz Schmalenbach

Ausgefallenes Rezept 77
Heinz Schmalenbach

Haushaltsführung 78
Heinz Schmalenbach

Vorwort

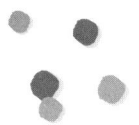

Freuen Sie sich auch schon wieder drauf? Karneval, Fastnacht, Fasching, die jecke Zeit ... Wie auch immer Sie die „schönste Zeit" des Jahres nennen, die Hauptsache ist doch, dass gefeiert wird. Viel Bier, viel Wein, viel Essen und dazu jede Menge Spaß am Spaß. Junge, schnuckelige Mädchen haben lange an ihren Parade- und Showtänzen geübt, um die Narren – weiblichen wie männlichen Geschlechts – nun so richtig in Stimmung zu bringen. Ganze Männerclubs haben sich in bunte Fummel gezwängt und geben beim Cancan ihr Bestes oder heben die Laune durch eindrucksvolle Musikeinlagen. Der „Attraktionen" gibt es viele!

Sie, als Karnevalsfreund oder -freundin kennen sicher alles, was so zwischen dem 11.11. und dem Aschermittwoch abgeht. Sie wissen auch, dass es keine Karnevalsveranstaltung gibt – ob nun groß oder klein – an der nicht irgend jemand die Bütt betritt und einige heitere Worte an das anwesende Narrenvolk richtet.

Wenn Sie Reden für den Vortrag suchen, bietet dieser Band ganz sicher ein Stück heitere Lektüre für die Zeit „davor" und „danach". Denn ob Sie nun die nachfolgenden Reden so benutzen, wie sie abgedruckt sind, ob Sie Teile davon verwenden und Eigenes dazuschreiben oder sich durch die Texte zu neuen Reden und Vorträgen inspirieren lassen: Wenn Sie selbst einen närrischen Auftritt planen, finden Sie hier ganz sicher viele nützliche Anregungen die Ihnen weiterhelfen.

Vergessen Sie nicht, dass Ihr Vortrag sehr gewinnen kann, wenn Sie diesen durch ein originelles Kostüm oder passende Requisiten beleben.

Der zerstreute Professor

Der Professor trägt Gehrock, Zylinder sowie einen hellen und einen dunklen Schuh. Sein linker Daumen ist verbunden. Nachdem er umständlich seine randlose Brille aus dem Etui geholt und aufgesetzt hat, beginnt er zu sprechen.

Als ich mich gestern abend ins Bett legte, wusste ich nicht, ob ich das Licht ausgemacht hatte. Stand wieder auf, machte ein Streichholz an und stellte fest, dass alles aus war. Ging dann wieder ins Bett, vergaß mich aber hinzulegen und hab die ganze Nacht im Bett gestanden. Dann wollte ich ein Bild aufhängen. Als ich zuschlug, fehlte mir der Nagel – jetzt habe ich einen dicken Daumen.

Beim Frühstück fragte meine Frau: „Was sagst du dazu? Das Lieschen Müller von nebenan ist im Freudenhaus gelandet." – „Warum nicht", antwortete ich, „die hat doch schon immer gerne gelacht." – „Und die Familie Schmidt von vis-à-vis hat nach nur viermonatiger Ehe schon einen kräftigen Stammhalter bekommen. Und was sagst du dazu?" – „Nee", rief ich, „das ist ja gar nicht möglich, nach vier Monaten ist so ein Kind noch gar nicht lebensfähig!" Dann las sie aus der Zeitung vor: „Von der Zugspitze stürzten wieder zwei Mann ab." „Ja", meinte ich, „sind die selbst schuld, was müssen die auf so einer Lokomotive herumklettern."

Dann ging ich zum Arzt. Der fragte mich: „Wie schlafen Sie, Herr Professor?" Ich sagte: „Wie üblich, Herr Doktor, liegend, mit geschlossenen Augen." Meinte er: „Im Hals haben Sie 's auch. Gurgeln, nix wie gurgeln, das tötet die Bazillen." – „Herr Doktor, wie bring ich den Bazillen denn das Gurgeln bei?", fragte ich nach. Und dann: „Herr Doktor, meine Frau glaubt schon drei Tage, sie wäre ein Huhn, ist das schlimm?" – „Und ob, Herr Professor, das ist eine Wahnvorstellung. Warum sind Sie damit nicht sofort zu mir gekommen?" – „Wa-

rum? Ja, wir brauchten die Eier so notwendig!" Zuletzt fragte ich ihn, ob er mir nichts gegen meine kalten Füße verschreiben könne. Grinste er: „Wenn ich kalte Füße habe, wärme ich sie mir abends bei meiner Frau im Bett. Das müssen Sie auch tun." Darauf ich: „Ist gut, wann hat denn Ihre Gattin mal Zeit?" Abschließend stellte er bei mir noch eine Bläschenkrankheit fest und verordnete: „Dreimal täglich einreiben mit Toilettenwasser." Hat aber nicht geklappt, denn jedesmal, wenn ich mich einreiben wollte, ist mir die Lokusbrille auf den Kopp gefallen.
Ging ich zum Friseur. Der sagte: „Herr Professor, Ihre Haare beginnen sich zu lichten, benutzen Sie unser Haarwuchsmittel?" – „Nee", sagte ich, „die fallen von alleine aus." Hat er mir dann zwei Flaschen aufgeschwätzt. Als immer noch kein Erfolg da war, meinte er: „Die dritte Flasche bringt bestimmt den Erfolg!" – „Gut", lenkte ich ein, „aber wenn die auch nicht hilft, sauf ich das Zeug nicht mehr."
Dann holte ich im Tierladen Futter für meine Goldfische. Bekam eine Tüte Ameiseneier. Ich fragte nach: „Reicht man die den Fischen hart oder weich gekocht? Mit oder ohne Salz?"
Wieder zu Hause, setzte ich mich ins Nebenzimmer und las. Plötzlich rief meine Frau: „Mit wem sprichst du denn da?" – „Ich halte Selbstgespräche!", antwortete ich. Dann kam sie rein und wollte wissen, was ich da lese. Ich sagte: „Ich studiere einen Reiseführer nach Japan. Da ich kein Geld habe, mache ich die Reise eben im Geiste." – „Ja, du liest aber von hinten nach vorne." – „Klar, ich bin ja auch schon auf der Rückreise!" Um sieben Uhr klingelte dann das Telefon. Ich hob ab, hörte und sagte: „Falsch verbunden, da müssen Sie die Wetterwarte vom Flughafen Lohausen anrufen. Ende!"

Er holt das Brillenetui heraus und stellt fest, dass er die Brille nicht findet. Er holt ein zweites Etui heraus und will die zweite Brille auch aufsetzen. Er bemerkt, dass er bereits eine aufhat. Schließlich steckt er beide Brillen wieder weg.

Er zeigt erst den einen, dann den anderen Fuß vor.

Er holt ein großes Taschentuch hervor und tupft sich umständlich die Stirn, bevor er weiterspricht.

Fragte meine Frau ganz neugierig: „Wer war denn drann?" – „Ach", winkte ich ab, „ein Idiot, wollte wissen, ob hier die Luft rein wär'."

Bin ich ins Theater gegangen. Traf ich Fräulein Müller. Die sagte: „Aber, Herr Professor, Sie haben ja einen schwarzen und einen braunen Schuh an." – „Und stellen Sie sich vor", gab ich zurück, „zu Hause hab ich noch genau so 'n Paar." Dann fragte ich: „Waren Sie gestern abend im Theater?" – „Nein", meinte sie, „ich war zu müde und bin direkt ins Bett gegangen." – „So, so", sagte ich, „und war der Besuch gut?"

Einmal machte ich eine Studienreise nach Italien. Die Sixtinische Kapelle hab ich nicht besucht, nee, ich hab mich gar nicht mit Musik befasst. Als ich nach Wochen spätabends nach Hause kam, schlich ich ins Schlafzimmer, um meine Frau nicht zu wecken. Was musste ich beim Schein der Nachttischlampe sehen: einen fremden Kerl bei meiner Frau im Bett. Da riss mich die Wut! Ich schmiss beide achtkantig raus. Als ich dann die Deckenbeleuchtung einschaltete, stellte ich fest, dass ich mit dem Fahrstuhl eine Etage zu hoch gefahren war. Schuld an meiner Verwirrung war wohl die heiße Sonne in Italien.

Manchmal gehe ich mittags in ein großes Lokal. Einmal sagte ich zu einem dunkel gekleideten Herrn: „Herr Ober, ich bin mir nicht im klaren, ob ich mein Essen noch nicht bestellt hab oder ob ich es nur noch nicht bekommen hab. Oder hab ich vielleicht schon gegessen?" Sagte der Herr: „Hier gibt es nichts zu essen! Das hier ist die Lesehalle der Universität."

Abends war ich dann eingeladen, da setzte ein wolkenbruchartiger Dauerregen ein. „Herr Professor", lud mich die Gastgeberin ein, „Sie können hier schlafen. Da müssen Sie nicht in den bösen Regen hinaus." – Ich

dankte höflich. „Kann ich dann bitte mal eben austreten?" Dann haben sie mich eine Stunde lang im ganzen Haus gesucht. Endlich fanden sie mich vor dem Haus auf der Treppe sitzend. „Herr Professor", rief die Hausfrau entsetzt, „sie sind ja klitschnass. Was ist passiert?" – "Ja", sagte ich, „Sie hatten mich doch zur Übernachtung eingeladen, da bin ich schnell nach Haus gelaufen und hab mir meinen Schlafanzug geholt!"
Und jetzt muss ich schnell noch in das Lokal der Universität. Da hab ich wohl meine Brille vergessen.
Helau!

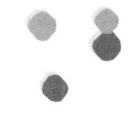

Eine moderne Ärztin

Eine Damenrede. Sie kommt im weißen Kittel und Arztköfferchen.

Ich bin praktische Ärztin, zugelassen für alle Kassen, außer Spar- und Darlehenskassen. Was ich so erlebe, das geht auf keine Kuhhaut! Gestern zum Beispiel kam ein Patient und klagte über starke Halsschmerzen. Ich leuchtete ihm den Rachen aus, da sagte der: „Fräulein Doktor, wenn Sie meinen Krankenschein suchen, der ist in der Brieftasche." – „Welchen Beruf üben Sie aus?", wollte ich wissen. „Anstreicher." – „Haben Sie es aber gut", sagte ich da zu ihm, „wenn Sie mal was falsch machen, kratzen Sie die Farbe einfach ab, und alles ist wieder gut." Da meinte er: „Sie haben es noch besser, Frau Doktor, wenn Sie mal was falsch machen, dann besorgt der Patient das Abkratzen selbst."

Das Telefon schellte, am Apparat ein kleines Mädchen: „Frau Doktor, kommen Sie bitte schnell! Der Papa ist krank, die Mama ist krank, die Oma ist krank, und meine Schwester hat es auch schwer erwischt!" Ich fragte: „Und du? Bist, bist du denn nicht krank?" – „Nein", antwortete sie, „weil ich nicht brav war, habe ich keine Pilze zum Mittag bekommen."

Apropos Gift! Ein Mann kam und klagte über Schmerzen im ganzen Körper. Ich sagte: „Herr Stibbelich, da besteht kein Zweifel: Sie sind vergiftet." – „Um Gottes willen, mit welchem Gift denn?" – „Nun regen Sie sich mal nicht weiter auf", beruhigte ich ihn, „das werden wir bei der Obduktion genau feststellen."

Als nächstes kam ein Ehepaar. Der Mann klagte: „Nun sind wir schon zehn Jahre verheiratet und haben immer noch keine Kinder." Ich riet ihm: „Schicken Sie Ihre Frau einmal vier Wochen in Urlaub." Nach drei Monaten waren sie wieder da: „Frau Doktor, nun war ich mit meiner Frau vier Wochen in Italien, es hat aber immer noch nichts genützt." Ich habe ihn mir von oben bis unten angesehen und gesagt: „Wenn Sie mitgefahren sind, will ich das gerne glauben."

Gestern schellte wieder das Telefon, diesmal ein junges Mädchen: „Frau Doktor, habe ich bei Ihnen nicht mein Höschen liegen gelassen?" Ich sagte: „Hier ist nichts dergleichen." – „Ach entschuldigen Sie, dann kann es nur beim Zahnarzt liegen."

Kam ein Mann mit einem blauen Auge. Ich fragte ihn: „Wie kommen Sie denn da dran?" – „Ach", sagte der, „als wir gestern beim Vaterunser an die Stelle kamen: ‚und erlöse uns von dem Übel', hab ich meine Frau angesehen, die muss das falsch verstanden haben."

Neben meiner Praxis bin ich auch im Krankenhaus tätig. Wir haben tüchtiges Personal: Kleinere Fälle, wie zum Beispiel Blinddarmoperationen, erledigt bei uns der Pförtner. Wir behandeln nach den modernsten Erkenntnissen der Wissenschaft. Erst gestern sagte ich zu einem Patienten: „Morgen werde ich Sie operieren. Wenn Sie aus der Narkose erwachen, setzen Sie sich auf die Bettkante. Am Abend gehen Sie fünf Minuten im Zimmer auf und ab, und übermorgen können Sie im Park spazieren gehen." – „Aber meine liebe Frau Doktor", fragte der da, „warum operieren Sie mich nicht gleich im Stehen?"

Ich erinnere mich: Ein Assistenzarzt musste an einer Puppe eine Zangengeburt demonstrieren. Als der fertig war, sagte der Professor: „Wenn Sie jetzt noch dem Vater die Zange über den Schädel schlagen, dann haben Sie die ganze Familie ausgerottet."

Wir Ärzte erleben die tollsten Sachen, kann ich Ihnen sagen. Kommt eine junge Frau mit einer Riesennase:

„Frau Doktor, was kostet die Verschönerung meiner Nase?" – „Etwa tausend Mark!" Darauf meinte sie: „Das ist aber teuer!" – „Ja", sagte ich, „wenn Sie es billiger haben wollen, dann laufen Sie ein paarmal gegen einen Briefkasten."

Was sagen Sie dazu? Kommt ein Herr zu mir, etwa 58 Jahre alt. Er steht in der Blüte seiner Arterienverkalkung. „Sie brauchen dringend Entspannung", sagte ich zu ihm, „unternehmen Sie etwas." Da sagte der: „Das habe ich schon versucht, aber Sie glauben nicht, wie meine Alte aufpasst."

Und zum Schluss was Unglaubliches: Ein Herr kam und verlangte diese Medizin, die ich ihm vor zwei Wochen verschrieben hatte. Ich sagte: „Hat Ihnen denn das Mittel so gut getan?" – „Gut ist gar kein Ausdruck, Frau Doktor", antwortet er begeistert, „mein Rheuma ist weg, die Schweißfüße von meiner Frau sind weg, dem Hund seine Flöhe sind eingegangen, sämtliche Möbel haben wir damit poliert, und den Rest habe ich in mein Moped geschüttet, das läuft wieder wie eine Rakete."

Alaaf!

Sie hält ein große Flasche mit der Aufschrift „Rizinusöl" hoch.

Armer, armer Kerl

Ich kann Ihnen sagen. Da hab ich vielleicht was angerichtet! Habe ich doch extra einen Mann angestellt, damit er meinen Familienstammbaum erforscht. Ich kann Ihnen sagen, der hatte vielleicht einen Erfolg. Ne, also so was von Erfolg! Jetzt muss ich ihm Schweigegeld zahlen. Ja, ich bin schon ein armer Kerl!

Aber das müssen Sie sich erst mal vorstellen! Der Doktor hat mir verboten, betrunken ins Bett zu gehen. Ja, ich bin schon ein armer Kerl! Jetzt muss ich jede Nacht auf dem Sofa schlafen!

Aber ich bin ja selbst schuld. Warum gehe ich auch zum Arzt. Hatte ich doch zu ihm gesagt: „Herr Doktor, können Sie mir helfen, ich schlafe jeden Morgen bei der Arbeit ein." – „Interessant, was arbeiten Sie denn?" wollte er wissen. Ich sagte: „Ich bin am Schlachthof angestellt und muss dort die Schafe zählen."

Vor meiner Arbeit beim Schlachthof hatte ich eigentlich einen ganz gemütlichen Bürojob. Da gab es eine ganz tolle Kollegin. Eines Tages habe ich zu ihr gesagt: „Letzte Nacht habe ich geträumt, dass Sie mich lieben, was mag das wohl zu bedeuten haben?" Meinte sie: „Das bedeutet, dass Sie geträumt haben!" Ja, ich bin schon ein armer Kerl!

Und was soll ich Ihnen sagen; schnauzt mich nach der Abfuhr auch noch mein Chef an: „Was denken Sie sich eigentlich dabei, den ganzen Tag im Büro zu pfeifen?" – „Verzeihung, Chef", habe ich freundlich geantwortet, „aber ich dachte, Sie würden sich freuen, wenn ich trotz meines Gehaltes noch so fröhlich bin!" Da wurde er plötzlich rot vor Wut im Gesicht und schnauzte mich

Sein Kostüm ist bunt zusammengewürfelt – zu kurze Hosen, zu lange Jacke, bunter Schal, Safarihut ...

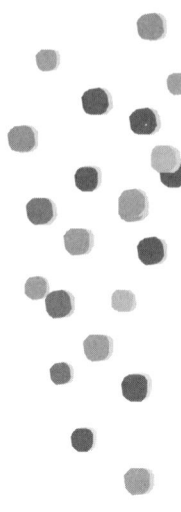

schon wieder an: "Wissen Sie, was subtrahieren bedeutet?" – "Ja, aber selbstverständlich weiß ich das, subtrahieren bedeutet abziehen", antwortete ich. "Toll", meinte er, "dann subtrahieren Sie sich mal aus meiner Firma!" Dann meinte er aber doch noch: "In gewisser Weise tut es mir leid, Sie zu verlieren. Sie waren für mich wie ein Sohn. – Unverschämt, mürrisch und undankbar!" Ja, ich bin schon ein ganz armer Kerl.
Wir haben ja noch unseren Opa zu Hause. Der kommt immer auf verrückte Ideen. Einmal schlug er uns ein kleines Spiel vor. "Los, wir stellen jetzt Fernsehsendungen pantomimisch dar." Meine Frau fing sofort an. Sie nahm unseren Dackel und warf ihn aus dem Fenster. "Na", wollte sie wissen, "welcher Film war das?" – "Das ist doch leicht", meinte der Opa, "das war ‚Hunde wollt Ihr ewig leben?'" Dann bin ich aufgestanden. Habe unseren Kanarienvogel genommen und auf den Kaktus gesteckt. "Na, wisst ihr das auch?", habe ich gefragt. "Aber sicher", meinte meine Frau, "das war ‚Dornenvögel'!" Dann nahm der Opa sein Gebiss aus dem Mund und warf es genau an das Geweih, das an der Wand hing. Jetzt kamen wir aber ins Grübeln, was das für ein Film sein sollte. Da meinte der Opa: "Mensch Leute, das ist doch wohl ganz einfach, das ist ‚Die Brücke am Kwai'!" Mein Sohn kam mit einem Döner Kebab nach Hause, hielt sich den ans Ohr und fragte: "Wisst ihr auch, was das für ein Film ist?" Wir haben uns alle nur fragend angesehen. "Ist doch ganz einfach, das ist ‚Das Schweigen der Lämmer'."
Neulich war ich mit dem Auto unterwegs, bis ich bei einem Bauern klingeln musste. Ich sagte zu ihm: "Zwei deiner Hähne taugen nicht mehr für die Hennen!" – "Woher wollen Sie das denn wissen?" fragte er. – "Ich hab sie eben überfahren!", sagte ich und drückte ihm

die lieben Toten in die Hand. Danach blutete mir die Nase. Ja, ich bin schon ein armer Kerl! Dann hat der auch noch die Polizei gerufen. Die ist auch gekommen, war der Hammer! Was bin ich für 'n armer Kerl! Guckte der Polizist mich an und meinte plötzlich: „Habe ich Ihnen nicht vor einem Monat den Führerschein abgenommen?" – „Wie?", fragte ich ganz erschrocken. „Haben Sie den etwa verloren?" Dann habe ich gefragt: „Herr Wachtmeister, wo Sie gerade hier sind. Ich habe gehört, dass Sie Alkoholtests machen. Wo kann ich mich melden, und was, bitte, wird ausgeschenkt?"

Hier können ein paar bunte Federn geworfen werden.

Vor kurzem war ich ja beim Metzger. Habe ich gesagt: „Ich hätte gern ein Kotelett ohne Knochen." Meinte der Metzger: „Sie meinen wohl ein Schnitzel?" – „Ja, ja ganz richtig!" entgegnete ich. „Ja", wollte er wissen, „und weshalb sagen Sie dann nicht, dass Sie ein Schnitzel wollen?" Habe ich gesagt: „Weil mir dann die neuen Zähne rausfliegen."

Vor kurzem hatte ich ja noch ein Eisenbahnunglück. Der Zug fuhr durch einen Tunnel. Ich wollte ein Mädchen küssen, erwischte aber ihren Vater. Ja, ich bin schon ein armer Kerl!

Aber als ich dann wieder nach Hause kam, musste ich mir erst mal meinen Sohn vornehmen. Habe ich zu ihm gesagt: „Ich habe ja nichts dagegen, wenn du deinen Wellensittich badest. Aber wenn du nicht endlich damit aufhörst, ihn jedesmal hinterher auszuwringen, kaufe ich dir keinen neuen mehr, ist das klar!"

Ich bin vielleicht ein armer Kerl! Gestern hätte ich ja beinahe meine Uhr verloren. Ja, die Uhr war stehen geblieben, und ich bin weitergegangen.

Auf unserem letzten Zug durch die Gemeinde hatten mein Freund und ich einen über den Durst getrunken. Auf dem Heimweg blieben wir auf einer Brücke stehen.

Da meinte der Gerd: „Du, guck mal, da unten ist der Rhein!" Ich sagte: „Du spinnst, das ist doch nicht der Rhein, das ist ganz klar die Mosel!" – „Nein", behauptete er, „das ist unter Garantie der Rhein!" – „Ach komm, hör auf", sagte ich, „du bist ja besoffen, das ist die Mosel!" – „So besoffen kann ich gar nicht sein, dass ich den Rhein nicht von der Mosel unterscheiden kann! Das ist ganz klar der Rhein! Und damit du mir das glaubst, geh ich jetzt da runter und sehe genau nach!" Dann hat der sich an der Brücke runtergelassen und hat nachgeschaut. Nach ewigen Zeiten kam er wieder, sah ziemlich lädiert aus und meinte: „Es ist doch nicht der Rhein!" – „Siehste", triumphierte ich, „habe ich es nicht die ganze Zeit gesagt, es ist die Mosel!" – „Nein", meinte er, „es ist auch nicht die Mosel, es ist die A!" – „Häh?" fragte ich verständnislos. „Die Ar, welche Ar?" – „Na", meinte er, „die A 45!" *(oder Nummer einer anderen Autobahn)*

Hier kann eine Zigarre und eine Banane präsentiert werden.

Zum Schluss noch eine Frage: Wissen Sie, was man zu mir sagen kann, wenn ich in einem Ohr eine Banane und im anderen Ohr eine Zigarre stecken habe? Na, ist doch ganz klar! Man kann sagen, was man will, ich höre ja doch nichts! Ja, ich bin schon ein armer Kerl!

Ein Sänger ohne Gnade

Vieledle Herren, vielwohlgeformt verkehrte Damen!
Geduldiges Volk, veräppelte Gemeinde, in Bacchus und Amor versammelte Zuhörer!
Liebe Freikartenbezieher, Ladies and Gentlemen – und der Rest!
Meine Schafherde (äh, meine Herrschaften)!
Hallo Prominenz, hallo Fans!
Ich begrüße die zahnlosen Damen und Herren, die sich hier niedergelassen, um mich hier singen zu lassen.
Oropax vobiscum!
Ich freue mich, dass Sie die Ehre haben, mich auftreten zu sehen, und dass hier alles voll ist. Sie erleben heute eine Welturaufführung! Schon viele haben es sich zu sehen gewünscht – und sie sahen es nicht! Viele wollten es hören – und hörten es nicht! Sie aber erleben es gleich: mich als Sänger!
Ich stamme aber auch aus einer sehr musikalischen Familie: Mein Vater beschäftigte sich schon immer mit Violine und Viola. Aber meine Mutter mochte das nicht. Viola war Vaters Sekretärin! Auch meine Mutter war sehr musikalisch. Sie konnte alle Neuigkeiten hinausposaunen und die ganze Nachbarschaft zusammentrommeln. Sie war aber –wie ich schon sagte – meistens verstimmt! Meine Schwester war ganz wild auf Opern. Sie hörte am liebsten „Riegel-Otto" von Guiseppe Verdi und „Das Nachtlager von Gran Canaria" von Konrad Kreutzer.
Erst lernte ich, wie Heino, Bäcker! Bevor ich dann hauptberuflich wirklich Sänger wurde, machte ich zuerst noch in einer Vier-Mann-Kapelle mit: Sie bestand

Kostümieren Sie sich mit einigen Accessoires die für Sänger typisch sind – übertriebene Haarpracht, weißer Schal, dicke Goldkette – was immer Ihnen einfällt. Ein Glas Tee auf dem Pult macht sich auch gut.

aus zwei Bläsern und einem Schlagzeuger. Ich steuerte das Fluchtauto! Später wurde ich dann in einem Talentschuppen als Sänger entdeckt. Talent hatte ich keines, aber Schuppen!

Meine Mutter wollte, dass ich täglich drei bis vier Stunden Sprach- und Gesangsübungen machte. Sie konnte unsere Nachbarn nicht leiden! Ich kriegte dann ein Auslandsstipendium in Amerika. Das haben unsere Nachbarn bezahlt. Ich studierte an dem bekannten Konservatorium „Sing-Sing"!

Meine kulturellen Verpflichtungen und dem Publikumsgeschmack entsprechend wurde ich erst einmal Schlagersänger – also Heulpraktiker. Schlagersänger sind ja junge Männer, die bei Strom- und Mikrofonausfall keine Sänger mehr sind. Das sind diejenigen, die schon immer Gesangsunterricht nehmen wollten, aber nie dazu gekommen sind – und die es jetzt bleiben lassen, weil sie inzwischen berühmt sind. So wie ich!

Ich kann mich überhaupt nicht daran erinnern, wann ich nicht berühmt war. Mein Freund sagte schon: „Du bist viel eingebildeter als du zugibst!" Ich antwortete: „Da kannst du mal sehen, wie bescheiden ich bin!"

Ha, Sänger sind ja so von sich überzeugt. Ich kenne mindestens zehn, die sich einbilden, besser als ich zu singen!

Aber Schlager sind gar nicht so einfach. Zumal die Texte alle gesungen werden müssen, weil sie zu dumm sind, gesprochen zu werden! Vor jedem Auftritt habe ich zwar Lampenfieber, aber auf der Bühne bin ich hemmungslos!

Ich singe so sexy, dass die Röntgenaufnahmen meines Kehlkopfes jetzt schon als Pornofotos gehandelt werden. Manchmal halte ich meine Klasse einfach sebst nicht aus. Dann muss ich weinen.

Irgendeine Röntgenaufname hochhalten.

Der Schmelz meiner Stimme ist so ungeheuer, dass nach der Pause das Publikum meist schon auf die Hälfte zusammengeschmolzen ist. Um dem vorzubeugen, werde ich zunächst einmal nicht singen.
Mein „Resonanzboden" um die Taille herum schwand nach einer Krankheit. Ich lag mit 39 im Bett. Das war ein Gedränge! Aber ich kam meinen (musikalischen) Verpflichtungen nach. Ich sagte mir: „Was ein hohes C ist, das bestimme ich!" Ich sang eben „oben ohne". Meine Stimme hat dann zwar nicht den Saal gefüllt, aber wenigstens den Erfrischungsraum.
„Ich sang dann gar so widerlich,
dass aller Reiz der Lieder wich!"
Ich war damals – wie Mozart – ein lebensfroher Mensch mit vielen Depressionen und einem stets überzogenen Bankkonto. Ich wurde dann ein lyrischer Bariton.
Um Sie vom Wohlklang meiner Stimme zu überzeugen, singe ich Ihnen jetzt die Volksweise „Morgenrot, Morgenrot" nach Johann Christian Günther! Das heißt: Mein Gesang hat mir einmal das Leben gerettet, als mir mein Hauswirt androhte, er würde mir den Hals rumdrehen, wenn ich weiter singen würde. Da habe ich es gelassen! Also werde ich es auch bei Ihnen lassen und Sie bitten, sich mit dem Text zufrieden zu geben, also:
„Morgenrot, Morgenrot!
Sterben ist der schönste Tod.
Dann muss man zu Grabe sinken
und fängt langsam an zu – Staub zu werden.
Es ist bestimmt in Gottes Rat!
Morgenrot, Morgenrot!
Auf einem Nussbaum wächst kein Brot.
Unter einem Baum von Nüssen
hat ein kleiner Hund – geschlafen,

träumt dabei von Knäckebrot!
Morgenrot, Morgenrot!
Wenn du 'nen Floh hast, schieß ihn tot.
Lass ihn ja nicht überwintern
auf dem Arm und auf – den Hüften.
Kein Wunder, dass du fröhlich bist!"
Sie meinen, das sei nicht seriös? Nun, dann singe ich eben die Nationalhymne der Vegetarier: „Bald gras' ich am Neckar, bald gras' ich am Main!"
Oder das Umweltschutzlied: „Jetzt gang i ans Brünnele, trink aber net", oder das Organspenderlied: „Dein ist mein ganzes Herz!" Am meisten Erfolg hatte ich ja immer, wenn ich „Am Brunnen vor dem Tore" sang, oder: „Morgen muss ich fort von hier!"
Ich habe auch schon mit Orgelbegleitung in Kirchen gesungen: Da sah man außer mir noch viele, viele Pfeifen. Nach meinem Auftritt sind allerdings viele Leute zum anderen Glauben übergewechselt!
Letztens habe ich auf dem Ärzteball gesungen. Ich fragte den Professor: „Sind Sie davon überzeugt, dass ich mit meiner Stimme was anfangen kann?" Er beruhigte mich, indem er sagte: „Aber natürlich! Ihre Stimme wird Ihnen sehr nützlich sein: zum Beispiel bei einem Überfall, bei Hochwasser, Feuer und anderen Katastrophen!" Ich bin deshalb auch sehr gefragt.
Acht Tage später war ich wieder auf einer Festlichkeit als Sänger verpflichtet. Ich sagte zur Klavierspielerin: „Fräulein, ich werde jetzt ‚Im tiefen Keller' singen. Würden Sie mich begleiten?"
Da sagte sie: „O ja, gerne. Gehen Sie schon einmal langsam vor. Ich komme leise nach, damit niemand was merkt!"
Meiner Stimmgewalt entsprechend wurde ich dann Opernsänger. Nur keine Angst! Ich bin zwar kein Caru-

so, aber ich tu' so. Ich habe zum Beispiel in Bayreuth auch den Siegfried und den Lohengrin gesungen! Na ja, Wagner soll ja angeblich besser sein, als er sich anhört. Ich sang den Lohengrin so lange und inbrünstig, dass Elsa mich schließlich fragte, welchen Geschlechts ich sei. Es gab in den Wagner-Opern natürlich auch Sängerinnen – alles „Prima-Tonnen"!

Mein alter Musikpädagoge riet mir, mich doch auf Weihnachtslieder zu beschränken: Dann würde ich nur einmal im Jahr singen! Schließlich wurde ich „Kammersänger".

Ich finde, ein Lied kann man so oder so singen. Bei mir stehen die Töne mit dem, was im Notenblatt steht, in keiner allzu nahen Verbindung. Für jeden richtigen Ton kriege ich Finderlohn. Meine Liederabende laufen unter dem Motto: „Erkennen Sie die Melodie?" Meine Stimme füllt dann so den Saal, dass das Publikum geht, um ihr Platz zu machen!

Vor jedem Konzert kaufe ich alle Tomaten und Eier in der Stadt auf. Der Rest steht draußen. – Ich zähle auch genau nach, ob am Ende alle Blumensträuße überreicht werden, die ich bestellt habe.

Er zeigt vielleicht einige Eier, Tomaten und einen alten Strauß.

Bevor ich singe, schlage ich immer an die Stimmgabel. Sie sagt einem nämlich ganz genau, wo man bei einem Lied anfangen muss.

Alle meine Schallplatten sind in Quadrophonie aufgenommen. Deshalb ist auch mein Gesang für Leute mit vier Ohren ganz besonders interessant!

Eigentlich brauchte ich ja vor so einem erlesenen Publikum wie Ihnen eine neue Hose, weil ich in der alten keine Musik mehr machen kann! Ich singe aber jetzt trotzdem als Koller-Natur-Sänger auf der Frequenz drei Kilohertz und vier Kilo Leber Melodien aus der bekannten und beliebten Operette „Die Charadenfürstin"

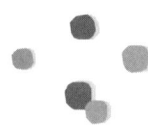

von Emmerich Kálmán im 3/4-Takt – also nichts Halbes und nichts Ganzes.

Ich gebe der Musik sechs vor, aber ich hole sie dann ein. Haben Sie Angst? Ich nicht. Ich habe schon viel größere Säle leergesungen. Schauen Sie sich noch schnell einmal diesen schönen Saal an – bevor die Panik ausbricht. Die Polizei gibt keine Ausweichmöglichkeiten an. Bitte Fenster und Türen schließen, ich beginne.

Auf besonderen Wunsch des Gesundheitsamtes findet das Konzert in aller Stille statt. Also besser überhaupt nicht!

Damit Sie nicht allzusehr enttäuscht sind und diesen Kunstgenuss wenigstens beim nächsten Mal miterleben können, gebe ich Ihnen jetzt schon einen Überblick über mein Repertoire:

Ich singe gleich „Das Austernlied" – Auster Jugendzeit! Danach „Das Ischiaslied" – Ich schiaß den Hirsch im wilden Forst! Oder „Das Obstlied" – Obste mich liebst, das weiß ich! In Anlehnung an meine Operntätigkeit „Die Geflügeloper" nach Richard Wagner: „Nun zieh dahin, mein lieber Schwan! Fahr du schon vor, ich komm' mit der Bahn!"

Um volksnah zu bleiben: „Wenn die Gattin nicht gekocht hat" – nach Paul Gerhardt:
„Geh aus, mein Herz, und suche Freud'
in dieser schönen Sommerszeit
an deines Gottes Gaben!"

Oder nachdem der Mann dann doch noch was zu essen gekriegt hat, frei nach Johann Friedrich Reichard: „Wasch auf, meines Herzens Schöne, Herzallerliebste mein!"

Ich sehe und höre wohl, Sie nehmen mich nicht ganz ernst und werden schon unruhig. Ruhe! Wenn das nicht aufhört, dann singe ich wirklich – so laut, so lang

und so schön wie ich kann. Dann können Sie aber was erleben!
Eigentlich wollte ich ja zum Abschluss noch ein „Wiegenlied" singen. Aber ich sehe bereits: Sie schlafen auch ohnehin schon!
Ich ändere also mein Programm. Der schönste Bach ist ja bekanntlich der Reibach.
Ich singe aber statt dessen jetzt einen anderen Bach und schließe mit der Bachkantate 60: „Es ist genug!"
Helau!

Ein Arzt erzählt

Der Vortragende erscheint im weißen Kittel. Er sollte möglichst auch ein Stethoskop bei sich tragen.

Sie wissen ja, der Blinddarm hat für den Menschen keine lebenswichtige Bedeutung, es sei denn, der Mensch ist Chirurg! Also richten Sie sich danach!

Also, ich kann Ihnen was verraten, aber sagen Sie es nicht weiter! Inzwischen läuft meine Praxis so gut, dass ich dem einen oder anderen Patienten auch mal sagen kann, dass ihm gar nichts fehlt!

Kam vor einiger Zeit ein Mann in meine Praxis und sagte: „Fieber habe ich gehabt, Herr Doktor, Fieber …! Also, ich sage Ihnen, das Thermometer ist gestiegen und gestiegen. Ich dachte schon, gleich kommt das Quecksilber oben heraus. Können Sie sich vorstellen, Herr Doktor, wie sehr ich mich geängstigt habe?" – „Nein, warum denn?" habe ich gefragt. „Ein neues Thermometer kostet doch höchstens zehn Mark!" – „Ach, und noch was, Herr Doktor", meinte er, „Herr Doktor, letzte Nacht hatte ich einen fürchterlichen Traum. Ich träumte, ich wäre eine Kuh und würde einen ganzen Haufen Gras fressen." – „Aber das ist doch nicht so schlimm!" erwiderte ich. „Ja, das sagen Sie!", meinte er, „als ich heute Morgen aufwachte, war meine Matratze weg!" – „Oh", sagte ich, „das ist ja dann doch bedenklich!" – „Ach", meinte er daraufhin, „das ist ja alles halb so schlimm. Meine Frau, Herr Doktor, will den ganzen Tag nur Äpfel essen." – „Aber", sagte ich, „das ist doch nicht schlimm, viele Leute essen gerne Äpfel." – „Ja, schon", meinte er, „aber doch nicht von der Tapete!"

Kurz darauf kam eine Frau in meine Praxis und sagte: „Herr Doktor, was soll ich bloß machen, mein Sohn kaut Nägel." – „Tja," habe ich gesagt, „geben Sie ihm

doch mal ein paar Schrauben!" Sie ist ganz beleidigt wieder abgezogen.
Aber ich werde ja nicht arbeitslos. Kaum war sie weg, kam die nächste Frau zur Tür rein. War noch recht jung. Nach der Untersuchung habe ich ihr einen Stuhl angeboten und sagte: „Sie können Ihrem Herrn Gemahl sagen ..." Aber da unterbrach sie mich: „Ich bin nicht verheiratet!" Machte ich einen neuen Versuch: „Sie können Ihrem Verlobten sagen ..." Wieder unterbrach sie mich: „Ich bin nicht verlobt." – „Dann sagen Sie Ihrem Freund ..." – „Ich habe auch keinen Freund. Ich habe noch nie etwas mit Männern zu schaffen gehabt, Herr Doktor!" rief sie jetzt ganz erregt. Das erschien mir denn jetzt doch bedenklich, schweigend erhob ich mich und ging zum Fenster, öffnete es und schaute hinaus. Zwei Minuten, drei Minuten, fünf Minuten. Jetzt wurde die Dame nervös. „Ist was, Herr Doktor?" wollte sie wissen. Ich schüttelte den Kopf und sagte: „Eigentlich nichts; nur als das, was Ihnen da passiert ist, schon einmal passierte – das war vor rund 2000 Jahren – ging am Himmel ein großer leuchtender Stern auf. Und nach dem suche ich gerade!"
Neulich kam ein Mann in meine Praxis und sagte: „Herr Doktor, Sie müssen mich unbedingt krank schreiben." – „Nun mal langsam, mein Herr", sagte ich, „was fehlt Ihnen denn?" – „Ein paar Tage Urlaub!" erwiderte er. „Ach, übrigens", wollte ich dann von ihm wissen, „haben Sie eigentlich meinen Rat befolgt und nachts nur noch bei geöffnetem Fenster geschlafen?" – „Ja, Herr Doktor, das habe ich", antwortete er. „Und sind Sie nun Ihre Atemnot los?" fragte ich. „Nein, das nicht, aber den Schmuck meiner Frau und unsere Stereoanlage!" Plötzlich fing er ganz fürchterlich an zu husten. „Ach ja, übrigens fällt mir dabei ein", fragte ich, „was

tun Sie eigentlich gegen Ihre Erkältung?" – „Oh, ich trinke jeden Tag acht Gläser Rum!" – „So, so", sagte ich, „das genügt aber nicht! – „Was?" fragte er erstaunt, „das genügt nicht – acht Gläser Rum? Mehr bringe ich aber nicht runter, Herr Doktor!" – „Na", fragte ich dann, „sonst haben Sie aber keine Beschwerden und fühlen sich völlig gesund?" – „Ach, Herr Doktor", meinte er dann, „immer wenn ich mit den Händen bis zu den Knien herunterfasse und dabei den Rücken krümme, ein Bein hebe und die Hände dann langsam wieder hochziehe, dann habe ich fürchterliche Schmerzen im Kreuz! Sie müssen mich also unbedingt krank schreiben." – „Aber guter Mann, dann lassen Sie doch solche Kunststücke!" habe ich ihm geraten. „Wie bitte? Kunststücke, Herr Doktor!", empörte er sich, „wie ziehen Sie sich denn morgens die Hose an?"

Kurz darauf kam einer in meine Praxis. Auf dem Kopf eine belegte Pizza, über den Ohren hingen Cocktailwürstchen. „Nehmen Sie Platz!" forderte ich ihn auf. Meinte er: „Das ist nicht nötig, Herr Doktor, es handelt sich um meinen Bruder!" Daraufhin habe ich ihn aber dann doch ein bisschen genauer untersucht. Nach der Untersuchung habe ich zu ihm gesagt: „Meine Diagnose steht fest: Sie haben eine kleine hässliche und außerordentlich bösartige Bazille." Flüsterte er ganz erschrocken: „Leise, leise, meine Frau sitzt doch nebenan im Wartezimmer!"

Ein paar Tage später kam eine Frau in meine Praxis und sagte: „Herr Doktor, jetzt bin ich seit drei Wochen wegen meiner Herbstdepressionen bei Ihnen in Behandlung, und alles war umsonst!" – „Ach, da kann ich Sie trösten", habe ich ganz zuversichtlich gesagt, „das war ganz bestimmt nicht umsonst, warten Sie nur meine Rechnung ab!" Dann meinte sie: „Sie müssen unbe-

dingt was unternehmen, Herr Doktor, mein Mann bildet sich ein, der Wolf aus dem Rotkäppchen zu sein!"
– "Ist das so schlimm?", habe ich gefragt. "Schlimm!" stöhnte die Frau verzweifelt auf. "Er hat jetzt Appetit auf Großmutter!"
"Und noch etwas, Herr Doktor", fuhr sie fort, "mein Sohn sitzt dauernd im Sandkasten, spielt mit Schippe und Eimer und baut Burgen. Ist das eigentlich normal?"
– "Aber sicher ist das normal!" – "Ich meine das ja auch", meinte die Frau erleichtert, "aber meine Schwiegertochter will sich deswegen scheiden lassen!"
Neulich, ich wollte gerade nach Hause gehen, da kommt noch eine Frau in meine Praxis. Fuhr ich sie an: "Konnten Sie nicht früher kommen! Die Sprechstunde ist längst beendet!" – "Tut mir aufrichtig leid, Herr Doktor", erwiderte Sie, "aber der blöde Köter hat mich nun mal nicht früher gebissen!" Als ich sie fertig versorgt hatte, meinte sie: "Bitte, bitte, Herr Doktor, Sie müssen meinem Mann unbedingt helfen. Er hat einen ausgesprochenen Jagdtick! Kaum eine Woche vergeht, in der er nicht wenigstens ein Zebra oder einen Löwen oder etwas Ähnliches erlegt!" – "Ach", fragte ich nach, "ist er Safariteilnehmer?" – "Eben nicht!", meinte sie verzweifelt. "Er schießt sie im Duisburger Zoo!"
Ja, man kann in so einer Arztpraxis schon Dinge erleben, das ist sagenhaft. Neulich kam einer zu mir in die Praxis und legte zwei Holzlatten auf den Tisch. "Was soll das denn?", wollte ich wissen. "Ja, aber Herr Doktor", meinte er, "ich sollte doch eine Stuhlprobe mitbringen!"

Der Angelfreund

Natürlich ist hier eine zünftige Anglerausrüstung unerlässlich.

Als ich erfuhr, dass meine Frau Würmer hat, habe ich mir gleich eine Angel besorgt!
Man braucht dazu außerdem noch einen Eimer und ganz lange Arme, damit man später auch den anderen zeigen kann, wie groß die Fische waren, die man beinahe gefangen hätte.
Eine Angel ist ein Stock, an dessen einem Ende ein Wurm und an dessen anderem ein Aufschneider hängt. Angeln dient ja der Freizeitgestaltung und der Erholung. Meistens hat die Sache mit dem Angeln aber einen Haken: Angeln Sie einmal ohne Erlaubnisschein. Das kostet Nerven.
Einige Kollegen angeln ja aus Leidenschaft, andere zur Stärkung der Nerven. Einige tun es aus Liebe zur Natur, für andere wieder ist es ein Sport. Ich aber angele, weil ich ja doch irgendwann auch einmal einen Fisch fangen möchte. Aber die Fische sind schlau! Ich täusche sie dann und blase das Jagdhorn, damit sie meinen, ich ginge auf Rotwild aus!
Manchmal setze ich mir auch die Mütze verkehrt herum auf, damit die Fische denken: „Er geht wieder." Da sie aber scharf auf den Köder sind, versuchen sie dann doch noch vorher schnell, den Wurm abzubeißen! Ich hörte gerade noch, wie der eine Fisch leise zum anderen sagte: „Halte doch mal eben mit deiner Schnauze das obere Ende des Hakens fest, damit ich den Köder abfressen kann!"
Mit den Ködern ist das schon so eine Sache.
Manche schwören ja auf Fliegen. Aber so eine Fliege aus Blech ist meistens auch Blech. Auch Schweizer Käse ist

meist Käse. Ich angele ja mit Äpfeln. Da sind die Würmer gleich drin! Wenn ich gerade keine Äpfel habe, gehe ich zum Bauern und frage, ob ich mir auf seinem Acker ein paar Würmer zum Angeln suchen darf! Er bekommt dafür ein paar Fische. Wenn ich nichts fange, bekommt er seine Würmer zurück.

Zur Demonstration können hier Pappen in Form der Köder gezeigt werde – Wurm, Käse, Apfel.

Ich mache also den Köder fest und werfe die Angel etwa 30 Meter weit aus. Ich habe die Hoffnung, dass mich die Fische nicht sehen. Selbst die Angler nennen das „Spinnen". Aber Fische können gut sehen und hören, und wenn man sie längere Zeit liegen lässt, riechen sie auch.

Indessen sagt schon eine alte Weisheit: „Fischfrevel wird dir nicht empfohlen, schmeckt auch am besten, was gestohlen!"

Es dauerte auch nicht lange, da kam ein Polizist. Er fragte: „Sagen Sie, wie steht es mit Ihrer Angelkarte?" Ich versicherte ihm: „Angelkarte? Damit ist bei mir kein Geschäft zu machen. Ich finde die Fische auch so!"

Schließlich wurde ich aber doch nervös. Ich fragte ihn: „Nun, sagen Sie selbst: Ist es denn vielleicht ein Verbrechen, hier einen Karpfen zu fangen?" – „Nein", antwortete er, „ein Verbrechen wäre es nicht, aber ein Wunder!"

Ich schaffte mir eine Angelkarte an, aber ich fing trotzdem nichts! Mein Sohn war mitgegangen und wartete. Er fragte: „Papa, meinst du nicht auch, dass Fischstäbchen doch viel praktischer sind?"

Ich hatte meinen Erlaubnisschein hinten hinters Hutband gesteckt. Mein Sohn riet mir: „Papa, setz lieber deinen Hut mal verkehrt herum auf, damit die Fische sehen, dass du hier auch angeln darfst!"

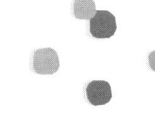

Hier die Karte und den Hut vorführen.

Manchmal schlafen die Fische aber auch. Dann sind sie im Flussbett! Ich setze mich also aus Sicherheitsgrün-

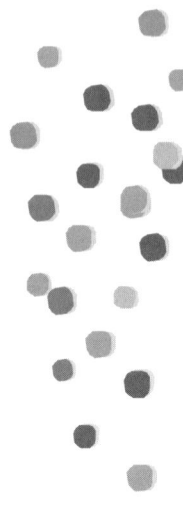

den lieber an das Ufer eines Bachs. Vor kurzem habe ich nämlich sogar eine Bachforelle aus dem Forellenquintett gefangen. Die war vielleicht schön! Voll Freude brachte ich sie für die Zubereitung zur Wirtin unseres Vereinslokals. Sie fragte mich: Wollen Sie die Forelle blau essen?" – „Nein", antwortete ich, „servieren Sie zuerst den Fisch und dann die Getränke!"

Am aufregendsten sind ja nicht die Fische, die an einem vorbeischwimmen, sondern die Menschen, die stehen bleiben und zuschauen. Meist fragen sie: „Beißen sie?" Ich antworte dann: „Nein, nur wenn sie gereizt werden, sonst können Sie sie streicheln!"

Fragt man einen der Zuschauer, die stundenlang hinter einem gestanden haben, interessiert: „Angeln Sie auch?", behaupten sie prompt: „Nein, dazu fehlt mir die Geduld!"

Ja, Angeln ist schon unterhaltsam, eben vor allem für die Zuschauer! Sie lassen die Angel nicht aus den Augen und achten fast noch mehr darauf als man selber. Nach stundenlangem Zuschauen sagte mal einer bedauernd: „Jetzt haben Sie schon drei Stunden nichts gefangen. Das ist ein Pech!" Ich aber antwortete: „Drei Stunden bin ich nicht angequatscht worden. Das ist ein Glück!" Ein anderer schaute staunend in meinen vollen Eimer: „Haben Sie die Fische alle selber gefangen?" Ich erwiderte: „Aber nein, ich habe einen Wurm, der mir dabei geholfen hat!"

Jeder Angler schwört ja auf seinen eigenen Köder und Trick. Manche nehmen zum Fischefangen sogar ihre Frauen mit.

Ich aber versuche es meist mit Regenwürmern!

Nur Schwiegermütter mögen die Fische anscheinend nicht. Mein mich stets beratender Schutzengel stand neben mir und hatte auch die Angel ausgeworfen, aber nichts gefangen. Da sagte die Schwiegermutter unwirsch zu mir: „Komm, mach mir mal einen anderen Wurm an den Haken, dieser gibt sich überhaupt keine Mühe."

Manche ködern die Fische ja auch, indem sie Wasserflöhe ins Wasser streuen. Aber das sind richtige Tierquäler! Wie sollen sich die Fische denn kratzen?

Andere Anglerkollegen sind oft sehr kritisch und nicht immer gesprächig. Letztens beschwerte sich mein Sitznachbar am Abend bei mir: „Nun hast du heute schon zum zweiten Mal den Fuß zur Seite gesetzt. Was ist denn los? Tanzen wir nun Rumba oder angeln wir?"

Neulich, als ich beim Wettkampffischen neben ihm eingedöst war und kopfüber ins Wasser fiel, rief er: „Halt! Mit den Händen angeln, das gilt nicht!" Ich brachte beim Auftauchen aber nur einen Schuh mit nach oben. Der Kollege schimpfte: „Schmeiß den nur ja wieder rein!" Ich aber sagte: „Nein, den behalte ich! Das ist doch ein ganz seltener: Schuhgröße 48!"

Später hing bei mir dann noch eine Bratpfanne und eine Laterne an der Angel! Da habe ich zu meinem Nachbarn aber doch gesagt: „Komm wir gehen! Da unten wohnt einer!"

Leider glaubt man uns Fischern nicht alles, weil wir wie die Jäger so viel Latein reden! Aber manchmal habe ich auch Glück.

Neulich habe ich einen so großen Fisch aus dem Wasser gezogen, dass der Wasserspiegel gleich gesunken ist! Nein, das war kein Walfisch – den hatte ich nur als Köder benutzt!

Es passieren einem beim Angeln manchmal die tollsten Dinge: Einmal war mir ein Zweimarkstück ins Wasser gefallen. Und was meinen Sie, als ich etwas später flussabwärts einen Barsch fange und ihn aufschneide, was

Pappe in Form eines „gewaltigen" Fisches präsentieren, die vorher zusammengeklappt werden kann, um nicht gleich die Größe zu verraten.

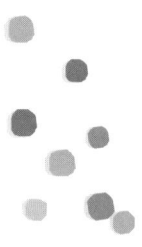

ich darin finde? Nein, nicht die zwei Mark, sondern nur 1,75 Mark. Der Barsch hatte den fehlenden Rest bezahlt, um durch die Schleuse zu kommen!

Als ich einmal nichts gefangen hatte, meinte meine Frau: „Ich habe mir schon gedacht, dass du keinen Fisch mitbringen wirst. Du hast deine Brieftasche vergessen."
Im Fischgeschäft bin ich sonst Stammkunde.

Als Angler muss man die guten Fangstellen kennen. Zum Beispiel ist ein Fischsterben in der Unterelbe nicht zu befürchten, da es aufgrund der Verschmutzung in der Unterelbe keine Fische mehr gibt. Letztens habe ich aber trotzdem dort noch einen Fisch gefangen – er wollte dort Chemie studieren!

Die Geschmäcker sind ja verschieden: Aale sind mir zu fett und zu schwer zu fangen. Wer einen Aal beim Schwanz und eine Frau beim Wort fassen will, der kann wohl sagen, dass er nichts hat. Kabeljau mag ich auch nicht, weil man mich als Kind schon mit dem Lebertran geärgert hat. Die Eier des Störs sind mir zu klein, um sie zu kochen. Außerdem weiß ich nicht, warum die Schollen auf den Auktionen noch unter den Hammer kommen. Sie sind doch ohnehin schon platt. Da ist mir Haifisch schon lieber! Die Bundesbürger essen statistisch gesehen sowieso mehr Haifisch als umgekehrt.

Nach meinem Geschmack sind ja die Backfische am leckersten – man hat sie zum Fressen gern. Doch soll man nie vergessen, dass auch sie Gräten haben.

Vor kurzem habe ich vor einer Irrenanstalt geangelt, aber nicht nach Backfischen.

Vom Hügel des Parks aus konnte man die Stelle sehen, an der ich saß. Auf einmal rief ein Irrer: „Was machst du da?"

Ich antwortete: „Ich angele." – „Hast du schon was gefangen?", fragte er. „Nein", sagte ich.

„Wie lange angelst du denn schon?" Ich antwortete:
„Vier Stunden!" – „Dann komm rein!" forderte er mich
auf!

Leev Jecke!

Vergesst die Gräten unsres Lebens,
bleibt froh im Auf und Ab des Strebens!
Rührt gern für mich sogleich die Flossen,
wenn ich geschlossen meine Possen.

Auch für die Hausfrau ein paar Winke:
Esst mehr Fisch und hört mehr Lincke!
Geht nicht gleich jedem an die Angel,
so kommt ihr gut durchs Weltgerangel!

Helau!

Ein Lebensphilosoph

Der Vortragende wirkt leicht derangiert und angeheitert. Eventuell trägt er eine verschnürte Plastiktüte bei sich (siehe Seite 40).

Ich bin glücklich! Ich bin doof, und die Frau hat Arbeit! Es ist gut, wenn man ein bisschen doof ist, dann hat man nicht so viele Probleme mit seiner Umwelt und sich selbst.

Apropos Umwelt!

Worüber man sich aufregt, das sind ja nicht nur die ewigen Lügen der Politiker und die Rücksichtslosigkeiten der Mitmenschen, sondern auch zum Beispiel die Verschmutzungen in der Natur.

Es gibt eigentlich nur einen Wald ohne Probleme – das ist der Walt Disney!

Oder denken Sie doch nur mal an das Wasser. Überall diese Ölverschmutzung. Kürzlich habe ich mir eine Dose Fisch gekauft. Als ich sie aufmachte, war sie fast bis zur Hälfte voll Öl und die Sardinen darin natürlich alle tot. Nach uns die Stinkflut!

Auch die Luft ist nicht mehr rein. Die Bevölkerung müsste ihre Abgase doch eigentlich mehr zurückhalten, und der Umweltminister sollte mit gutem Beispiel vorangehen und ohne Auspuff fahren.

Auch bei den Abfällen müsste man viel mehr an die Umwelt denken. Recycling heißt das Motto! Ich zum Beispiel werfe meine Bundesbahnfahrkarten auch nicht mehr weg, sondern benutze sie mehrfach.

Das ist es eben: Es gibt Menschen, die dafür sorgen, dass etwas geschieht. Es gibt Menschen, die aufpassen, was geschieht, und es gibt Menschen, die gar nicht mehr wissen, dass etwas geschehen ist.

Aber so weit braucht man in Deutschland gar nicht zu gehen.

Ich war jetzt in Hamburg. Im Hafen habe ich nacheinander all meinen Müll ins Wasser geworfen. Aber das gefiel der Polizei offenbar nicht. Ich verteidigte mich so: „Da steht doch am Hafenbecken ein Schild: „Deutsche Werft!" Das hat die Polizisten nicht überzeugt und ich musste mit auf die Wache. – Ja, in Hamburg ist was los.
Dort traf auch ein Jüngling aus Danzig
in Hamburg ein Fräulein, das nannt' sich
Lulu oder so,
und sie schwenkte den Po.
Das ham dort die Fräuleins so an sich!
Ja, ja, in Hamburg ist was los.
Dort gibt es auch viele Studenten: Dreizehn von ihnen haben jetzt einen Rekord aufgestellt! Sie stellten sich unter einen Regenschirm, ohne nass zu werden. Der Versuch soll demnächst wiederholt werden – wenn es regnet!
Nächstes Wochenende soll es sogar 30 Grad warm werden: 15 Grad am Samstag und 15 Grad am Sonntag.
Auf Hamburgs „sündiger Meile"
ging ich deshalb spaziern ohne Eile.
Doch ich war ganz perplex
ich las immer nur „sex".
Dabei war es erst fünf mittlerweile!
Ich suchte das große Abenteuer. Aber am Schluss war nur der Abend teuer. Ja, die wenigsten Fehltritte werden mit dem Fuß getan.
Kürzlich komme ich von der Arbeit nach Hause, da liegt meine Süße mit einem Franzosen im Bett. Was sollte ich machen? Ich kann ja kein Französisch.
Eine Woche später verließ ich die Arbeit heimlich eine Stunde vor Feierabend. Ich suchte meine liebe Frau im ganzen Haus und fand sie schließlich mit meinem Chef innig vereint im Schlafzimmer vor.

Meine Frau hatte auch noch die Frechheit, mich eines Tages zu fragen: "Was würdest du tun, wenn du mich mit einem fremden Mann im Bett erwischen würdest?" Ich antwortete: "Das Fenster aufmachen, erst den Kerl rausschmeißen und dann den weißen Stock." Sie fragte: "Wieso? Was für einen weißen Stock?" Ich meinte: "Na ja, jemand der sich an dir vergreift, kann doch nur blind sein."

Leider hat sie immer mal wieder einen neuen Hausfreund. Aber einer war mal richtig nett zu mir. Jeden Samstag ruderte er mich zwei Kilometer weit auf den See hinaus. Er ruderte dann zurück, blieb am Ufer stehen und wartet, bis ich zurückgeschwommen war! Die zwei Kilometer waren für mich nicht zu weit, aber die Schwierigkeit bestand darin, aus diesem verflixten Sack herauszukommen.

Ha, immer auf die Kleinen.

Ich habe mir vor kurzem gleich zwei blaue Augen eingefangen! Das war so:

Ich fuhr mit der Rolltreppe im Kaufhaus nach oben. Der jungen Frau vor mir, war der Rock in die Poritze gerutscht. Hilfsbereit wie ich nun mal bin, habe ich ihr den Rock herausgezogen. Peng! – haute sie mir eine runter. Ich war ganz perplex. Ich hatte es doch nur gut gemeint. Da habe ich ihr den Rock einfach wieder hinten reingesteckt. Klatsch! Peng! – da hatte ich schon das zweite blaue Auge.

Auf den Schreck hin wollte ich einen trinken gehen, hatte aber kein Geld dabei. Gut, dachte ich, versuchst du es mal mit betteln. Vor einem großen Mietshaus begegnete mir ein anderer Bettler. Ich fragte ihn: "Na, Kumpel, ist in diesem Haus was zu holen?"

"Du kannst ruhig weitergehen", meinte der sehr kollegial, "schon im Hausflur sind mir zwei Mäuse mit großen verweinten Augen begegnet! Wo die Mäuse sich schon Blutblasen im Kühlschrank holen, da ist für uns erst recht nix drin."

Dann ging ich in ein Geschäftshaus. Der Inhaber war gerade bei der Steuererklärung. Er sagte: „Warten Sie bitte einen Moment, bis ich fertig bin. Vielleicht komme ich dann gleich mit."

Andere wollen immer gleich pädagogisch wirken: Eine Hausfrau sagte: „Sie sind groß und stark. Wie kommt es, dass Sie keine Arbeit finden?" Ich antwortete: „Das weiß ich auch nicht. Vielleicht bin ich ein Glückspilz!" Da meinte sie: „Ich gebe Ihnen nichts! Aber Sie können sich zwei Mark verdienen, wenn Sie meinem Mädchen beim Holzspalten helfen!" Ich fragte höflich: „Darf ich es erst mal sehen?" Sie wunderte sich und fragte zurück: „Das Holz?" – „Nein", sagte ich, „das Mädchen!"

Schließlich kam ich an die Tür eines freigebigen Mannes. Er schenkte mir eine Mark. „Hier, mein Bester, trinken Sie einen Schnaps auf meine Gesundheit." Ich fragte besorgt zurück: „Einen? Ich finde, Sie sehen verdammt schlecht aus!"

Ich bin also in eine Kneipe gegangen und habe dort, weil ich ja Geld brauchte, eine Maus verkauft. Ich zog sie aus meiner Tasche und setzte sie auf die Theke. Plötzlich setzte das Tierchen zu einer Arie an – „La Traviata". Die Gäste waren sprachlos vor Staunen! Einer fragte sogar: „Wie viel wollen Sie für die Maus haben?" Ich meinte lässig: „Für zwei Mark können Sie sie haben."

Das Geschäft wurde abgeschlossen, und hocherfreut verließ der neue Besitzer das Lokal.

Sie fragen sich jetzt bestimmt, warum ich für die Maus nicht mehr verlangt habe. Ja, was soll ich mit ihr? Sie kann doch nur italienisch singen!

Als ich von meinem Zug um die Häuser wieder heimkam, herrschte große Aufregung.

Meine Frau hatte fünf Mark verschluckt. Ich schickte sie zum Arzt. Sie erzählte ihm, sie habe fünf Mark verschluckt, fände aber bei der Kontrolle auf der Toilette immer nur Kleingeld. Da meinte der Mediziner: „Das ist nicht beunruhigend, liebe Frau. Sie befinden sich ja schließlich in den Wechseljahren."

Weil sie sich tatsächlich in den Wechseljahren befand und andauernd die Liebhaber wechselte, war auch der Postbote bei ihr an der richtigen Adresse. Um mich loszuwerden, schickte sie mich in den Garten zum Holzhacken. Dabei habe ich mir leider den Daumen abgehauen. Das ist zwar jetzt ziemlich verheilt, aber mein Urlaub im August fällt jetzt ins Wasser. Ich wollte doch per Anhalter fahren.

Einen mittelschweren Rausch nachamend schildert der Vortragende den Vorfall. Manch einer hat vielleicht auch die bewusste Tüte dabei.

Neulich hat sie sich noch ein dolles Ding geleistet! Ich ging daraufhin in die Bar und wollte meinen Kummer ertränken, aber nach dem zehnten Manhattan stellte ich fest, dass der Kummer schwimmen konnte. Ich knallte meine mitgebrachte, verschnürte Supermarkt-Plastiktüte auf die Theke und schrie: „Whisky, aber eine ganze Flasche!" Der Barkeeper fragte vorsichtig: „Na, Kummer gehabt?" Ich fing schon halb zu lallen an und erklärte: „Seit zehn Jahren spiele ich – hicks – jetzt schon Lotto, – hicks – immer dieselben Zahlen. Nie was gewonnen. Und heute bei der Ziehung – hicks – Junge, sechs Richtige." – „Und da haben Sie Kummer?" fragte der Barkeeper perplex. „Ja", – hicks – „meine Frau hat vergessen, den Lottoschein abzugeben." – „Oh, Gott", entfuhr es dem Mixer spontan, „der hätte ich glatt den Kopf abgerissen." Ich haute wieder meine Plastiktüte auf die Theke und lallte: „Was glauben Sie wohl, was ich hier drin habe?!" – Helau!

Ein erfahrener Psychiater

Ich bin der Doktor „Hörnichzu"
als Psychiater rings der Clou.
Manch Nervenbündel kommt zu mir,
hört, wie die Armen ich kurier!

Ich habe meine Sprechstundenhilfen strengstens angewiesen, immer zuerst nach dem Krankenschein zu fragen, und ob der Patient privatversichert ist. Danach kann ich schon die Diagnose stellen: „Wer sich meine Honorare leisten kann, kann schon mal kein totaler Versager im Leben sein!" Wenn die am Ende der Behandlung dann die Rechnung kriegen, dämmert es ihnen meist: „Mein Gott, muss ich verrückt gewesen sein!"
Ja, ein Psychiater ist ein Mensch, der keine Sorgen hat, solange andere Sorgen haben!
Einmal rief ich ins Wartezimmer: „Der nächste Napoleon bitte!" Es kam ein hageres kleines Männlein herein. Ich fragte: „Wie heißen Sie?" – „Schulze ohne y!" „Wie bitte?" – „Schulze ohne y!" Ich wandte ein: „Aber Schulze hat doch gar kein y!" – „Das sage ich doch die ganze Zeit, Herr Doktor!" Danach fragte ich ihn: „Nun, wo fehlt's denn?" – „Ach, Herr Doktor, Sie müssen mir helfen! Ich höre dauernd Stimmen!" Ich schaute ihn prüfend an und fragte: „Aha, und was sagen diese Stimmen denn so?" Er klagte: „Das weiß ich eben nicht, ich bin ja taub!" Ich riet ihm, einfach nicht hinzuhören, schrieb ihm aber doch ein Rezept aus.
Nach kurzer Zeit kam er wieder und strahlte: „Lieber Herr Doktor, zwölf Jahre war ich taub. Aber seit ich

Der Mann wirkt so, als brauchte er selbst einen Psychiater. Wirres Haar und eine Brille, die die Augen stark vergrößert.

Vielleicht hat er einen Tick: schaut ständig auf die Uhr, fährt sich durchs Haar, räuspert sich häufig.

Ihre wunderbare Ohrensalbe benutze, höre ich endlich wieder von meinem Bruder in Amerika! Er fuhr fort: „In der letzten Zeit führe ich immer Selbstgespräche." – „Ach", beruhigte ich ihn, „das ist doch nicht schlimm. Das tun viele Leute in Ihrem Alter!" Da meinte er: „Ja, das mag schon sein, aber ich finde mich so schrecklich langweilig!" – „Machen Sie sich nichts daraus", tröstete ich ihn. „Sie sind ein sehr seltener Fall von echter Selbsterkenntnis! Darauf können Sie stolz sein."

Das Gegenteil davon war der nächste Kunde: „Herr Doktor, ich habe so Schwierigkeiten mit anderen Menschen!" Ich fragte: „Und woran liegt das?" Er fuhr mich an: „Das sollen Sie doch herausfinden, Sie Idiot!"

Ich kann Ihnen sagen, Leute mit übersteigertem Selbstwertgefühl sind schwerer zu heilen als Menschen mit Depressionen!

Aber deshalb kriege ich keine Komplexe!

Einmal veröffentlichte ich in der Tageszeitung unter der Rubrik „Geschäftliches" ein Inserat: „Besuchen Sie Doktor Hörnichzu! Erfolgreiche Kuren auch in schweren Fällen. Garantie: bei Nichterfolg Spleen zurück!"

Seitdem ist mein Sprechzimmer noch voller.

Manchmal drängen sich die Behandlungstermine so, dass ich am Ende selber noch ganz doll werde!

Einmal stürzte ein Mann ganz aufgeregt ins Sprechzimmer und stöhnte: „Herr Doktor, können Sie mir helfen? Ich glaube, ich habe zwei Persönlichkeiten!" Ich unterbrach ihn unwirsch: „Immer langsam voran! Wiederholen Sie noch einmal. Ich verstehe nichts, wenn Sie beide auf einmal reden. Geben Sie mir erst einmal Ihre beiden Krankenscheine!"

Ein anderer Patient klagte: „Wissen Sie, jeden Morgen um 7.00 Uhr muss ich immer mein Geschäft erledigen!" Ich redete ihm gut zu: „Seien Sie doch froh, das kann nicht jeder!" – "Ja", widersprach er, "aber das Problem ist doch, dass ich immer erst um 8.00 Uhr aufwache! Ich schlafe ja so tief, weil ich immer von einer tollen Sexbombe träume." Ich meinte: "Was soll's, das ist doch ein schöner Traum!" – "Nein, eben nicht!", haderte er. "Was soll ich tun? Die Sexbombe und meine Frau schlagen sich um mich, und immer gewinnt meine Frau! Die sollten Sie auch einmal behandeln, Herr Doktor. Die bildet sich ein, ein Kühlschrank zu sein. Ich halte es keine Nacht neben ihr aus." – "Sie werden doch nicht etwa frieren neben ihr?" Er antwortete: "Nein, das nicht. Aber sie schläft mit offenem Mund, und das kleine Licht darin, das stört mich die ganze Nacht!"

Ja, ich bin auch ein praktischer Arzt, also fasste ich zusammen: "Also, mein Lieber, vor allem nicht aufregen, sich entspannen und nicht zu viel arbeiten. Bedenken Sie: Geld ist auch nicht alles. So, das macht für dieses Mal 300 DM!"

Meistens schimpfen die Ehefrauen über das Honorar. Sie schreiten dann zur Selbstindikation. "Stellen Sie sich vor", sagte eine Frau zu ihrer Nachbarin, "da geht mein Mann wochenlang zu diesem sündhaft teuren Psychiater. Dem fällt natürlich auch nichts ein, wie man meinen Mann vom Nägelkauen abbringen könnte. Ich habe ihm einfach seine Zähne versteckt!"

So kann man natürlich mit uns armen Ärzten nicht umspringen!

Die meisten seelischen Probleme lösen sich von selbst und wesentlich billiger als durch uns Psychiater. Aber wo kämen wir da hin, wenn jeder beliebige gesund Denkende uns Konkurrenz machen könnte?

Da haben wir einen gewaltigen Protestmarsch organisiert. Der ist aber leider gescheitert. Wir hatten alle unsere Plakate selbst geschrieben, aber leider konnte kein Mensch unsere Schrift darauf lesen.

Ja, wir Psychiater werden oft nicht verstanden.

Neulich traf ich einen alten Schulfreund auf der Straße, als ich gerade eine Couch auf dem Rücken trug. Er fragte mich erstaunt: „Nanu, bist du Möbelpacker geworden?" – „Nein, Psychiater. Ich mache gerade einen Hausbesuch!"

Ja, was wäre ein Psychiater ohne Couch? Vor allem bei der Heilung von Frauenleiden! Ein Psychiater ist ja ein Mensch, der einem das angenehme Gefühl vermittelt, ein kompliziertes Wesen zu sein. Kam doch ein junges Mädchen zu mir und sagte: „Herr Doktor, können Sie nicht meine Persönlichkeit spalten, ich bin so einsam! Gibt es denn gar nichts gegen diesen schrecklichen Liebeskummer?" – „Doch", sagte ich, „ich werde Ihnen mal eine Flasche Rizinus verschreiben!" Sie fragte erstaunt: „Aber das ist doch ein Abführmittel. Wie soll das helfen?" Ich antwortete: „Helfen wird es sicher nicht, aber es lenkt ab."

Auch Ehefrauen haben so ihre Probleme. Ich redete einer ins Gewissen: „Ihr Mann war bei mir, er leidet sehr unter schweren Depressionen und braucht dringend absolute Ruhe und Erholung." – „Ich weiß", verteidigte sich die Frau. „Das rede ich ihm doch von morgens bis abends ein. Aber er hört ja nicht auf mich!" – „Ausgezeichnet", lobte ich sie, „das ist ein guter Anfang. Ich schreibe Ihnen hier mal ein Beruhigungsmittel auf. Das nehmen *Sie* morgens, mittags und abends!" Sie klagte weiter: „Was soll ich machen? Mein Mann bildet sich ein, der Wolf aus dem Märchen Rotkäppchen zu sein!" Ich versuchte sie zu beruhigen: „Na, so schlimm wird das doch wohl nicht sein?" – „Doch", stöhnte sie, „er hat jetzt immer Appetit auf die Großmutter! Und dann hebt er auch an jedem Laternenpfahl das Bein." Ich erschrak und fragte sie: "Wie lange macht er das denn schon?" – "Seit etwa sechs Jahren!" – "Was", rief ich, "und da kommen Sie erst jetzt zu mir!" Sie erwiderte: "Nun, Herr Doktor, bis jetzt hat er immer nur gebellt! Aber jetzt bildet er sich ein, eine Laterne zu sein. Das ist viel schlimmer! Bei der Helligkeit im Schlafzimmer kann ich einfach nicht mehr einschlafen. Außerdem vermute ich, dass er fremdgeht. Denn immer wenn es nachts mal blitzt, fährt er hoch und ruft: "Ich kaufe die Negative!"

Auch Männer liegen bei mir auf der Couch und schildern ihre Probleme. Ich höre ihnen auch meistens zu und frage sie dann: "Jetzt würde mich nur noch interessieren: Sind diese Minderwertigkeitsgefühle ganz plötzlich aufgetreten oder hat es sich völlig normal durch Ehe und Vaterschaft entwickelt?"

"Ach", klagte zum Beispiel ein Mann, "meine Frau verbietet mir einfach alles! Ich darf nicht rauchen, nicht im Fernsehen Fußball gucken, nicht in die Kneipe gehen." Ich fragte verständnisvoll und mitfühlend: "Und jetzt bereuen Sie es, sie geheiratet zu haben?" – "Nein", schüttelte der Mann bekümmert den Kopf, "bereuen darf ich auch nichts." Außerdem nimmt sie ständig ihre beiden langhaarigen Hunde mit in unser Schlafzimmer. Es ist ja nicht so sehr wegen der Flöhe und auch nicht, weil sie morgens immer so früh bellen. Es ist der unangenehme Geruch, der mir auf die Nerven geht!" Ich sagte ihm: "Das ist doch überhaupt kein Problem; öffnen sie öfter das Fenster und lassen sie frische Luft herein!" – "Nein", rief der Mann entsetzt aus, "dann fliegen mir ja alle meine Tauben davon!"

Ja, nicht alle Ratschläge lassen sich verwirklichen! So ein Seelenlotse hat es nicht immer leicht.

An und für sich wollte ich den Mann ja in ein Sanatorium überweisen, weil er auch noch behauptete, die Mengenlehre zu verstehen. Aber alle Nervenheilanstalten sind ja heute überfüllt.
Das ist nun mal so: „Die einzige Rose, die heutzutage in unserer Betonlandschaft blüht, ist die Neu-Rose!"
Zum Schluss gab der Mann auf der Couch mir noch völlig aufgelöst zu verstehen: „Herr Doktor, mir ist was ganz Schreckliches passiert. Ich habe statt Ihrer Beruhigungstabletten eine Antibabypille geschluckt! Was soll ich tun?" Ich untersuchte ihn gründlich und konnte ihn dann beruhigen: „Haben Sie keine Angst, die Pille hat gewirkt! Sie bekommen kein Baby."

Leev Jecke, halt' de Ohren steif,
sonst seid Ihr auch bald anstaltsreif!
Ertragt euch selber und den Tor,
verdrängt Neurosen durch Humor!
Und seht nicht alles gar so grau;
das Leben ist doch schön – Helau!

Der Gymnasiallehrer

Eigentlich wollte ich gar kein Gymnasiallehrer werden. Die mich Prüfenden wollten das auch verhindern. Ich hatte nämlich den Stein der Weisen leider nicht wachsen gehört!

Alles begann so: Pubertät ist ja, wenn die Eltern anfangen, schwierig zu werden. Und eine Chance ist es, wenn man die Gelegenheit hat, einen Fehler zu wiederholen. Als ich einmal sitzen blieb, kam beides zusammen: Die Eltern wurden noch schwieriger, und ich kriegte keine schulische Chance mehr. Da ich viel Sitzfleisch, aber wenig Stehvermögen hatte, musste ich jetzt also wohl oder übel arbeiten.

Ich suchte zunächst einmal einen Nachhilfelehrer für meinen Vater. Denn seine Zensuren unter meinen Aufsätzen zeigten die ganze Unzulänglichkeit des heutigen Schulsystems.

Erfolg ist ja immer etwas SEIN und etwas SCHEIN. Das Gemeine daran ist, dass man auch noch eine ganze Menge Schwein braucht, um Erfolg zu haben. Das Schwein muss man vorher allerdings selber züchten! Aber wem sage ich das?

Ja, denken müsste man können, aber womit?

Mein Klassenlehrer riet mir vor dem Abitur, doch Pianist zu werden, weil ich von Tuten und Blasen keine Ahnung hatte. Ich war richtig frustriert und wollte zur Müllabfuhr, weil die ja nur donnerstags arbeiten. Ich dachte so bei mir: Dann hast du auch schon eine gute Vorausbildung, wenn es mit dem Abitur wider Erwarten doch noch klappen sollte und du keinen Studienplatz kriegst.

Der Vortragende kann auf Lachen und Unruhe im Publikum wie ein Lehrer reagieren: ungeduldig auf das Pult klopfen, mit Kreide werfen, „Ruhe" rufen usw.

Meine Mutter war schon ganz geknickt, weil sie das Hantieren mit Staubgefäßen nicht für besonders standesgemäß hielt. Ich sagte ihr zum Troste deshalb kühn: „Dann werde ich eben Polarforscher. Ab heute werde ich mich darauf vorbereiten!" – „Wie willst du das denn machen, Junge?", fragte sie bange. „Lass mich mal machen. Gib mir schon mal zwei Mark für Eis!" Dann wurde ich aber selber etwas unsicher, weil ich mich immer so leicht erkälte, wenn ich kalte Füße kriege.

Ich dachte mir: Du wirst entweder Optiker oder Jurist! Die haben immer zu tun! Denn nichts auf der weiten Welt wird so oft gebrochen wie das Licht oder das Gesetz! Aber ich neigte eigentlich mehr zu Pastor. Da braucht man nur einmal in der Woche zu arbeiten. Am Sonntagmorgen gibt es doch ohnehin nichts Vernünftiges im Fernsehen!

Aber dafür braucht man Abitur!

Ich sagte mir deshalb in Anlehnung an Wilhelm Tell: „Durch diese letzte Klasse musst du kommen!" Mit Hilfe und dem Wohlwollen der Lehrer habe ich es dann gerade noch geschafft.

Aber nach dem Abitur musste ich mit dem Numerus clausus kämpfen: Die nehmen ja nur Beschränkte! Aber Gott ist mit den Doofen! Ich kriegte sogar eine sturmfreie Studentenbude. Sie lag günstig: eine Minute von meiner Stammkneipe, drei Minuten bis zu meiner Freundin, fünf Minuten bis zum Fußballplatz und eine Stunde bis zur Universität!

Ich habe sehr viel von der näheren Umgebung gesehen. 27 interessante Restaurationen habe ich gezählt; da konnte man sehr schön am Busen der Natur liegen. Beim Schwänzen habe ich mich immer an das Wort unseres Religionspädagogen gehalten: „Man muss auch schon mal auf etwas verzichten können!"

Ja, mein Wissensdurst in flüssiger und fleischlicher Form war größer als mein Bildungshunger.

Das zeigte sich auch bei der Abschlussprüfung: Ich hielt mich an Lohengrin: „Nie sollst du mich befragen!" Meine Antworten führten bei den Prüfenden zur „Götterdämmerung"! Ich kam so gerade noch am „Fliegenden Holländer" vorbei. Drei Tage wurde ich nicht mehr nüchtern!

Der Markt für arbeitslose Pädagogen ist zwar weit und breit, aber: Man soll nicht, selbst bei leeren Kassen, die Lehrer Straßen kehren lassen!

Wegen meiner hervorragenden Kenntnisse wurde ich dann doch noch probeweise als Fachlehrer angestellt. Ich war ein unberechenbarer Mathematiker und Spezialist für Sexualkunde!

Fachlehrer ist man dadurch, dass man morgens sein Fach leert und bei seinen wissensvermittelnden Gehversuchen Kopier- und Zetteldidaktik betreibt! Als Grundsatz gilt: Kopiere, wem ein Kopiergerät gegeben! Wer keine eigenen Gedanken hat, soll wenigstens kopieren! Frei nach dem Motto: Was du ererbst von deinen Vätern, kopier es, um es zu besitzen!

Ja, so schlagen wir armen Lehrer uns durch die schweren und immer schneller werdenden Zeiten.

Die Verfügungen und Erlasse des Kultusministers und die sinnreichen Einfälle einer nicht ausgelasteten und sich langweilenden Schulverwaltung machen einen schnell zum Realisten. Das heißt, man gewinnt den richtigen Abstand zu seinen Idealen.

Wie heißt es allgemein: Der Lehrer hat vormittags recht und nachmittags frei! Das ist falsch! Für das Gegenteil sorgen schon die Schüler. Die Lehrer schwanken zwischen Philosoph und Lebenskünstler. Als Philosoph beschäftigen sie sich doch trotz allem meist mit dem

Kern der Sache, als Lebenskünstler allerdings auch mit dem Fruchtfleisch.

Wer nichts taugt, ist trotzdem nicht unnütz: Er kann immer noch als schlechtes Beispiel dienen.

Ich lag nur in der Hängematte,
wenn ich mal Geld in Menge hatte!

Aber das war noch nicht bis zu den Ministerien vorgedrungen:

Wer gut verdient, strengt sich nicht an,
und wer sich anstrengt, verdient nicht gut!

Was blieb mir also anderes übrig, als so zu denken und zu handeln:

Lerne geigen, ohne zu klagen! Und:
Gut geklagt, ist halb gewonnen!

Das Beamtengehalt heißt deshalb auch Ruhegehalt, und früh übt sich, wer ein Rentner werden will.

Aber soweit war es noch lange nicht.

Erst musste ich einmal fest angestellt werden, mich bewähren und das zweite Staatsexamen machen. In meiner Beurteilung durch den Direktor stand unter anderem Arbeitsleistung – reißt keinen vom Hocker; er reißt vor der Arbeit aus! Belastbarkeit – erledigt alles gleichzeitig; erledigt ist er schnell! Kommunikationsfähigkeit – spricht mit Gott und Ebenbürtigen; spricht guten Getränken zu! Geistige Fähigkeiten – löst gern Kreuzworträtsel; löst Probleme aus! Wissen – weiß alles am besten; weiß, wann Feierabend ist, und weiß, wo gerade gefeiert wird! Verhalten gegenüber Vorgesetzten – Vorgesetzte macht er überflüssig und nimmt ihnen den reservierten Parkplatz weg! Verhalten gegenüber Kollegen – Kollegen grüßt er korrekt mit: „Mahlzeit"; Kollegen mag er weniger als Kolleginnen!

Klar, dass ich bei dieser Beurteilung mit Glanz und Gloria die Prüfung bestand. Als Ergebnis der Lehrprobe stand, gemäß Johannes, Kapitel 10, Vers 6, schon bald fest: „Sie verstanden nicht, was er ihnen sagen wollte." Jesaja, Kapitel 55, Vers 8: „Seine Gedanken waren nicht ihre Gedanken." Und als Fazit für die Prüfungskommission: Geheime Offenbarung, Kapitel 1, Vers 15: „Selig, wer dabei wach bleibt!" Nach solcher Leistung wurde ich selbstverständlich auf Lebenszeit angestellt und verbeamtet.

Seitdem habe ich als Beamter viel mit einem Astronauten gemeinsam und unterscheide mich doch grundlegend von ihm: Wenn wir unten sind und machen einen Fehler, dann kommen wir nie nach oben! Sind wir aber erst einmal oben und machen einen Fehler, dann bleiben wir, wo wir sind, und kommen nie wieder runter!

So glaubt mir, eure kluge Brut,
die ist bei mir in guter Hut.
Und wenn einander wir gewogen,
wird gegenseitig auch erzogen,
bis jeder es zu was gebracht:
Das wäre wirklich doch gelacht!

Helau!

Ein kluger Bauer

Der Vortragende erscheint mit einer Mistgabel auf der Bühne.

Hat der Hahn das Huhn gerempelt?
Nein, er hat ein Ei gestempelt!

Helau!

Gestern bin ich doch wahrhaftig mit meinem Traktor in eine Radarfalle geraten. Hat zwar nicht geblitzt, aber dafür fürchterlich gekracht.

In diesem Jahr habe ich ja meine Frau als Vogelscheuche in das Weizenfeld gestellt. Der Schock der Vögel war so groß, dass sie sogar das gestohlene Korn vom Vorjahr zurückgebracht haben.

Mein Nachbar ist ja jetzt verurteilt worden. Ja, er hat den Hühnern die Schnäbel platt geklopft und sie dann als Enten verkauft.

Dabei besagt doch eine alte Bauernregel: Verschmäht der Bauer alles Neue, zeugt das nicht von viel Bauernschläue!

Habe ich in meinem Garten gearbeitet, kommt einer vorbei und fragte: „Was machen Sie da im Gemüsebeet?" – „Ich ziehe das Unkraut", habe ich gesagt. „Ach", fragte er, „kommt es nicht von selber aus der Erde?"

Ich war bei unserem alten Landarzt, weil ich so schlecht schafen konnte. Der hat mir ein Rezept aufgeschrieben und mich in die Apotheke geschickt. Der Apotheker packt die Medikamente ein und sagt: „So, hier sind die Schlaftabletten. Sie reichen mindestens für einen Monat!" – „Was?", fragte ich, „für einen Monat? So lange wollte ich eigentlich gar nicht schlafen!"

Mein Nachbar ist ja ins Krankenhaus eingeliefert worden. Ja, er ist erst kurz nach Mitternacht nach Hause gekommen und mit voller Wucht gegen das Garagentor gerast. Dabei kann man noch von Glück sagen, dass er sein Auto nicht dabeihatte.

Komme ich doch letzte Woche früh morgens zum Füttern in den Stall, ist der Stall völlig leer. An der Tür hängt ein Schild: „Schwein gehabt!"

Ich habe aber auch ein Pech! Ich habe meinen Hennen versehentlich Sägemehl ins Futter gegeben. Gestern sind die Küken geschlüpft. Was soll ich euch sagen! Elf haben ein Holzbein, das zwölfte ist ein Specht.

War ich auf dem Bauernmarkt. Wurde mir ein Pferd angeboten. Ich sah mir den Zossen an und sagte: „Der Gaul ist ja auf einem Auge blind." Meinte der Händler. „Ist doch prima! Was er auf dem Hinweg nicht sieht, sieht er auf dem Rückweg!"

Als ich vom Markt nach Hause kam, habe ich zu meiner Frau gesagt: „Stell dir vor, ich habe mein Schwein für 3000 Mark verkauft!" – „Toll!", sagte sie, „hast du Bargeld oder einen Scheck bekommen?" -
– „Keines von beiden", habe ich stolz geantwortet, „ich habe zwei Hühner – pro Stück zu 1500 Mark!"

Fragte mich doch so ein ungebildeter Städter: „Weshalb rollen bei Ihnen drei Dampfwalzen über die Felder?" Habe ich geantwortet: „Ist doch wohl klar! Ich züchte dieses Jahr Kartoffelbrei!"

Neulich war ich ja bei meinem Friseur in der Müllerstraße. Mein Friseur gab mir ein Rätsel auf. Er sagte: Es ist nicht mein Bruder und doch meines Vaters Sohn, wer ist das? – „Weiß ich nicht!" – „Nicht mein Bruder und doch meines Vaters Sohn, das ist doch ganz einfach, das bin ich!" – „Das ist gut, das muss ich meinen Stammtischbrüdern erzählen!", habe ich gesagt.

Am nächsten Tag war Stammtisch. Ich legte also los: „Es ist nicht mein Bruder und doch meines Vaters Sohn, wer ist das?" – „Ganz einfach", meinte einer, „das bist du!" – „Falsch! Es ist mein Friseur in der Müllerstraße!"
Als ich leicht angetütert vom Stammtisch nach Hause kam, meinte meine Frau: „Liebling, bekomme jetzt bitte keinen Schrecken, wenn du in die Garage gehst!" – „Wieso, meine Süße? Ist unser Wagen kaputt?" – „Nein", meinte sie, „er steht nur quer!"
Ich habe ja jetzt eine Henne mit einem Papagei gekreuzt. Hat hervorragend geklappt. Wenn sie jetzt ein Ei legen will, gackert sie nicht mehr, sondern kommt und sagt es mir.
Steht doch neulich vor meiner großen Jauchegrube ein kleiner Junge und ist fürchterlich am Heulen. Ich fragte ihn: „Was ist denn mit dir los?" – „Ach", schluchzte er, „meine Mutter, meine Mutter ist da reingefallen." Ich nichts wie aus meinen Stiefeln und der Jacke und springe in die dunkle soßige Brühe. Nach einer Weile tauche ich wieder auf, japse nach Luft und sage: „Armer Junge, aber es tut mir leid, ich kann deine Mutter beim besten Willen nicht finden." – „Na", meinte er und zuckte mit den Achseln, „wenn das so ist, dann kann ich ja die Schraube hinterherwerfen!"
Sie wissen ja: Man riecht 's meist schon, bevor man 's hört, wenn der Bauer Jauche fährt!
Mein Nachbar hat ja jetzt einen neuen Wachhund. Habe ich ihn gefragt: „Ist dein neuer Wachhund sehr scharf?" Meinte er: „Das kann man wohl sagen. Seit fünf Tagen versuche ich vergeblich, in meine Wohnung zu kommen!"
So, Ihr Lieben, zur allgemeinen Belustigung nun noch zwei Fragen zum Schluss: Welches Tier hat das größte Anpassungsvermögen? Na, ist doch klar, das Huhn. Es

legt nämlich die Eier immer so, dass sie genau in den Eierbecher passen. – Und nun die zweite Frage: Weshalb schlüpfen die Küken aus den Eiern? Na, damit sie nicht mitgekocht werden.

So, jetzt muss ich aber nach Hause!
Die Bäuerin tobt, der Bauer zittert,
sie hat das mit der Magd gewittert!

Helau!

Autofahrer im Stress

Hallo, meine lieben Freunde des Motors. 'n Abend Fußgänger! Ich bin ja inzwischen Autofahrer aus Leidenschaft. Auch wenn es so manche Leiden schafft. Ich kann euch ja mal aus meinem ereignisreichen Autofahrerleben erzählen.

Ich kann Euch was sagen. Das ist schlimm ist das, jedes Jahr beginnt der Weihnachtsrummel früher. Die Leute sind wie verrückt. Ich konnte meinen Tankwart heute gerade noch daran hindern, in meinen Wagen neue Kerzen einzusetzen.

Mein erstes Auto habe ich ja vor langer, langer Zeit erstanden. Ich kann Ihnen was erzählen. Ich in so einen Gebrauchtwagenhandel, ja, was anderes konnte ich mir damals nicht leisten. „Schenken Sie uns Ihr Vertrauen!", meinte der Autohändler. „Wir stehen voll hinter jedem Gebrauchtwagen, den wir anbieten!" – „Na", habe ich gesagt, „hoffentlich nicht zum Anschieben!"

Habe ich mich in so einen Kleinwagen gesetzt. Fragte mich der: „Nun, wie gefällt Ihnen der Kleinwagen?" – „Ach", habe ich geantwortet, „an sich ganz gut, nur an den Zehen drückt er noch etwas!"

Ich habe den Wagen dann doch genommen. Da ich aber eigentlich einen mit Radio wollte, habe ich zu dem Verkäufer gesagt: „Ich hätte gern ein Autoradio." Fragte der Verkäufer: „Lang-, Mittel- oder Kurzwelle?" – „Kurzwelle reicht", habe ich geantwortet, „Es ist ja nur für einen Kleinwagen."

Aber dann beim Fahren immer unsere Freunde und Helfer. Kennen Sie auch das Problem? Also ehrlich! Überholt mich so einer und bremst mich aus: „Haben

Ausstaffiert wie ein Rallyefahrer betritt der Redner die Bühne.

Sie denn das Stoppschild nicht gesehen?" – "Doch", habe ich gesagt, "aber Sie nicht, Herr Wachtmeister." Plötzlich meinte der Polizist noch: "Mann, Ihr Wagen hat ja gar kein Nummernschild!" – "Na und, mein Bester? Das ist doch überflüssig! Ich kenne die Nummer auswendig!"

Nach ein paar Wochen fuhr ich mit meinem neuen Gebrauchten zur Tankstelle.. "Bitte einen Ölwechsel!" Meinte der Tankwart: "Wenn ich Ihnen einen Rat geben darf, ich behalte mein Öl und Sie wechseln Ihr Auto!" Vor lauter Schreck fuhr ich mit meinem klapprigen Auto bei Rot über die Kreuzung. Hält mich ein Polizist an und sagt: "Halt, 50 DM!" – "Einverstanden", habe ich spontan geantwortet, "das Auto gehört Ihnen!"

In der Werkstatt kam die Stunde der Wahrheit: "Na, was macht mein schönes Auto?", habe ich gefragt. Meinte der Meister: "Erst die gute Nachricht. Handschuhfach, Aschenbecher und Sonnenblende waren einwandfrei in Ordnung."

"Was?", fragte ich erstaunt. "Meister, als ich vor einem Monat den Wagen bei Ihnen kaufte, sagten Sie, der hält mein Leben lang. Und jetzt ist er schon kaputt!" – "Ja, vor einem Monat", meinte der Meister, "da sahen Sie ja auch unheimlich krank aus, mein Herr!" – Ja, so kann es einem gehen.

Bin ich zu einem anderen Autohändler gegangen und habe mir einen tollen Sportwagen gekauft. Zwei Tage später bin ich wieder in die Werkstätte. Ich sagte: "Meister, das Getriebe ist hin." Da haben sie mir auf Garantie ein neues Getriebe eingebaut. Zwei Tage später bin ich wieder in die Werkstatt – wieder das Getriebe. Da haben sie schon ein bisschen komisch geschaut, haben mir aber noch mal ein neues Getriebe eingebaut. Zwei Tage später bin ich wieder hin – Getriebe im Eimer. Da

Wenn der Autofahrer seine Erlebnisse mit einem Polizisten schildert, sollte er dieser Figur eine ganz besondere Tonart geben. Das bringt Farbe in den Vortrag.

Aktionsreich wird das Einlegen der Gänge geschildert.

haben sie den Chef geholt. Der schüttelte nur mit dem Kopf und fragte mich dann: „Jetzt sagen Sie mir doch mal: Wie fahren Sie denn Auto?" – „Na, ganz normal", habe ich geantwortet.
1. Gang rein – beschleunigen auf 40;
2. Gang rein – beschleunigen auf 80;
3. Gang rein – beschleunigen auf 100;
4. Gang rein – beschleunigen auf 130
5. Gang rein – beschleunigen auf 160;
… und dann kommt der 6. – der Ralleygang!"
Da musste ich das Getriebe selbst zahlen.
Eines Tages hatte ich einen Zusammenstoß mit einer Katze. Ich bin zu der Bäuerin gegangen und habe gesagt: „Entschuldigen Sie, aber ich habe Ihre Katze überfahren. Selbstverständlich werde ich sie Ihnen ersetzen!" – „So, so, lieber Mann, Sie können also wirklich Mäuse fangen?"
Kurz drauf stoppt mich ein Verkehrspolizist und sagt: „Sie sind in der falschen Richtung durch die Einbahnstraße gefahren." Habe ich ganz erstaunt gefragt: „Aber sagen Sie mal, Herr Wachtmeister, warum muss der Fehler immer bei mir liegen? Vielleicht haben Ihre Kollegen ja auch das Schild falsch aufgestellt!" Da wurde er total fuchtig und schnauzte mich an: „Jetzt geben Sie mir aber sofort Ihren Führerschein!" Da platzte mir der Kragen! „Das geht mir denn jetzt doch langsam auf den Geist, die dauernde Fragerei nach meinem Führerschein, Herr Wachtmeister!" Brüllte der los: „Haben Sie ihn nun bei sich oder nicht?" – „Wie soll ich ihn bei mir haben", antwortete ich, „wenn die Polizei ihn mir immer wieder abnimmt!"
Dann hatte ich Pech mit meinem Sportwagen. Beim Manöver habe ich einen Panzerspähwagen gerammt. „Mensch, haben Sie uns denn nicht gesehen?", brüllte

der Feldwebel mich an. „Euch gesehen?", habe ich gefragt, „ich hätte euch doch gar nicht sehen dürfen, oder?"

Vor ein paar Tagen kam ich in eine Verkehrskontrolle. Der Polizist nahm die Fahrzeugpapiere entgegen und schaute sich im Wagen um. Sagt der plötzlich: „Sie, das geht doch nicht. Sie sind ja hier zu fünft in einem Audi Quattro. Da ist einer zu viel drin. So können Sie nicht weiterfahren." Habe ich gesagt: „Das ist mir jetzt aber ganz neu, dass ich in meinem Auto nicht fünf Leute mitnehmen kann." – „Schauen Sie doch mal in Ihre Papiere", meinte der Polizist. „Da steht doch deutlich: Audi *Quattro*! Also ist dieses Auto für vier ausgelegt, und Sie sind zu fünft." Ich wollte mein Recht! „Diese Regel kenne ich nicht, fragen Sie doch sicherheitshalber mal Ihren Kollegen." Der genervte Polizist wandte sich an seinen Kollegen und fragte: „Du, schau mal her. Ich habe hier einen Audi Quattro, da sitzen fünf Personen drin, dürfen die das überhaupt?" Sein Kollege kriegte einen ganz roten Kopf und sagte: „Komm, lass die weiterfahren. Ich habe einen Fiat UNO, und meine Frau fährt auch manchmal mit."

„Papa", fragte mich mein Sohn neulich, „konntest du eigentlich schon Auto fahren, bevor du Mama geheiratet hast?" – "Natürlich, mein Sohn!" – "Und, wer hat dir da gesagt, wie du richtig fährst?

Tschüs zusammen.

Auf dem Standesamt

Ich hatte ja mal einen Job auf dem Standesamt. Da kann man Dinger erleben, also ich kann Ihnen sagen! Nicht nur bei Trauungen, die haben sie mir sowieso nicht zugetraut, nein auch sonst, also ehrlich!
Sitze ich da so kurz vor neulich hinter meinem Schreibtisch. Kommt einer reinmarschiert und schreit: „Hallo, hallöchen! Da bin ich. Nein, was ist das eine Freude!" Dabei versucht er verzweifelt die Tür hinter sich zu schließen. Aber es will und will nicht klappen.
Ich habe gesehen, dass er das in seinem momentanen Zustand – so leicht berauscht – wohl kaum schaffen würde, darum habe ich gesagt: „Nun lassen Sie mal, ich mache das schon." Doch als ich gerade aufstehen will, versetzt er der Tür einen Tritt. Die Türe fällt wahrhaftig ins Schloss. „Na, warum nicht gleich so!", hat er getönt. „Hälst mich erst unnötig auf, das muss doch nicht sein, du Luder! Ich habe weiß Gott Wichtigeres zu tun!"
Als er dann auf mich zuwankte, habe ich ihn aufgefordert: „Nun nehmen Sie doch erst einmal Platz, und dann sagen Sie mir, was Sie wünschen."
„Wünschen?", er schaute mich fragend an und ließ sich dann auf den Stuhl fallen. „Wünschen ist gut! Wissen Sie was? Ich wünsche gar nichts. Im Gegenteil, ich bin wunschlos glücklich! Das können Sie sich gar nicht vorstellen, meine Herren!"
„Ich glaube Ihnen ja", beruhigte ich ihn. „Sie haben wohl einen süßen Grund, dass Sie hierher kommen, oder haben Sie sich in der Tür geirrt?"
Jetzt schaute er mich aber ganz vorwurfsvoll an. „Und ob ich einen Grund habe, hier aufs Standesamt zu kom-

Als angeblicher Standesbeamter sollten Sie schon im Anzug auftreten. Auch hier bietet es sich an, den Part des Angetrunkenen stimmlich und gestisch entsprechend zu gestalten.

men, meine Herren! Einen Grund, dass ich nicht lache! Ich habe zwei Gründe, und was für Gründe, das sage ich Ihnen! Das können Sie sich überhaupt nicht vorstellen! Ich bin ja so was von glücklich, meine Herren, ach, was bin ich glücklich!"

Langsam wurde ich jetzt ärgerlich und sagte schon nicht mehr ganz so freundlich: „Wollen Sie mir die Gründe nicht endlich nennen?"

„Natürlich, natürlich! Sofort sage ich Ihnen meine Gründe! Ach, was bin ich glücklich!" Mein Besucher strahlte über das ganze Gesicht. Dabei wackelte er aber bedenklich auf dem Stuhl hin und her. Mit nicht mehr ganz sicherer Stimme fuhr er fort: „Ach, sowas von glücklich! Sie können sich gar nicht vorstellen, wie glücklich ich bin! Diese Freude, meine Herren, diese Freude! Ich möchte die Geburt von Zwillingen anmelden, meine Herren!"

„So, so, Zwillinge also, ja dann meinen herzlichen Glückwunsch aber auch!" Ich stand auf und schüttelte ihm die Hand. Dann fragte ich ihn: „Aber was mich interessiert, warum sagen Sie eigentlich dauernd 'meine Herren'? Ich bin doch ganz alleine hier!"

„Was?" fragte er plötzlich ernüchtert, „tatsächlich?! Wirklich ganz alleine? Sie sind ganz alleine hier? Dann muss ich aber schnell nach Hause und noch mal nachzählen!"

Helau!

Erfolgreiche Rheumatherapie

Der Vortragende wirkt etwas heruntergekommen. Er braucht dringend ein Bad und einen neuen Haarschnitt.

Von meinem Arztbesuch in der letzten Woche muss ich Ihnen noch erzählen. Ich bin in das Sprechzimmer reingestürmt und habe gesagt: „Hallo, Doktor, ich wollte mich endlich mal wieder bei Ihnen blicken lassen, denn ich hätte da eine dringende Frage." – „Ach, lieber Herr ...wie war doch gleich Ihr Name? Nehmen Sie doch Platz!" begrüßte mich der Arzt. „Was führt Sie denn zu mir? Wir haben uns ja wirklich schon eine Ewigkeit nicht mehr gesehen! Wie geht es Ihnen denn?" Na ja, da habe ich mich also erst mal hingesetzt. Dann habe ich ausführlich berichtet: „Ach, eigentlich geht es mir ganz gut!" – „Na, toll!", freute sich der Doktor, „das hat man ja ganz selten, dass ein Patient sagt, dass es ihm gutgeht. Ich soll Sie also nur mal kurz durchchecken, damit Sie ganz beruhigt sein können?" – „Nein", meinte ich, „eigentlich nicht!" – Der Arzt zog die Augenbrauen hoch und fragte erstaunt: „Nicht? Was führt Sie denn dann zu mir?" – „Ja", fuhr ich fort, „Sie erinnern sich doch sicher, dass ich vor zwei Jahren bei Ihnen zur Behandlung war, wegen meines Rheumas!" – „Ja, ja, ich erinnere mich." Ein Aufleuchten ging über das Gesicht des Arztes. „Das ist es also! Das Rheuma macht Ihnen wieder zu schaffen. Na, das werden wir schon in den Griff kriegen, da machen Sie sich mal keine unnötigen Sorgen." – Aufmunternd nickte mir der Arzt zu. „Nein", meinte ich, „das ist es doch gar nicht!" Jetzt guckte er aber doch recht verdutzt: „Das ist es nicht? Jetzt verstehe ich aber nicht. Was ist es denn dann?" – „Nein, Herr Doktor, das ist es wirklich nicht!", habe ich gesagt. „Im Gegenteil, ich fühle mich ganz hervorragend. Mein

Rheuma ist wie weggeblasen. Und das verdanke ich nur Ihrer unübertrefflichen Behandlungsmethode!"
Ihr hättet den Arzt mal sehen sollen. Der blühte richtig auf. Ganz erfreut und stolz lehnte er sich in seinem Schreibtischsessel zurück und sagte: „Danke, danke, lieber Herr …, man hört ja gerne, wenn die eigene Kunst gelobt wird."
„Vielleicht erinnern Sie sich ja, Herr Doktor, dass Sie mir vor zwei Jahren empfohlen haben, mich von jeder Feuchtigkeit fernzuhalten." – „Aber sicher, da erinnere ich mich noch ganz genau!", strahlte er. „Sehen Sie, Herr Doktor", fuhr ich fort, „genau diesen Rat habe ich befolgt und wurde wieder gesund. Mein Rheuma ist wie weggeblasen!" – „So, so", nickte er, „ich sage es ja immer: Die altbewährten Methoden sind doch immer noch die besten, da kann mir doch so 'n neumodischer Facharzt erzählen was er will. Also, das freut mich jetzt wirklich, dass es Ihnen besser geht, Herr … Aber jetzt sagen Sie mir doch endlich, warum Sie heute eigentlich zu mir gekommen sind?" – „Ja, Herr Doktor", sagte ich, „ich wollte Sie eigentlich nur fragen, ob ich mal wieder baden darf?"
Helau Ihr Lieben!

Der Friseurbesuch

Neulich sagte meine Frau zu mir: „Alter Junge, es wird Zeit, du musst zum Friseur!" Und da ich ja alles mache, was meine Frau sagt ... Ja, was lachen Sie denn da so saublöd. Die macht ja auch alles was ich will. Erst gestern hab ich ihr noch gesagt: „Ach, mach doch was du willst!" Und das macht die! Ich bin also gehorsam zum Friseur gegangen.

Der Vortragende kommt mit einer etwas merkwürdigen Frisur auf die Bühne – teils Igel, teils Tonsur.

„Wie wünschen denn der Herr die Haare geschnitten?", fragte der mich, als ich mich im Stuhl niederließ. „Jetzt sagen Sie nur nicht schweigsam, den Witz kenne ich schon!", fuhr der Haarkünstler fort. Wir lachten beide, und dann erklärte ich ihm genau, wie ich die Haare geschnitten haben wollte. Dann fiel mein Blick auf einen kleinen Terrier, der neben meinem Frisierstuhl saß und mich die ganze Zeit unverwandt anstarrte. Ja verwandt konnte er ja nicht gucken, denn ich kannte den wirklich nicht. „Einen reizenden kleinen Hund haben Sie da", sagte ich zum Friseur. „Wie heißt er denn?" Darauf der Friseur: „Der ist eine die und heißt Lady!" – „Aha", sagte ich, „Lady, ein hübscher Name." – „Ja, ja", meinte der Friseur, „und Sie glauben gar nicht, wie klug und aufmerksam der Hund ist. Vor einer Woche zum Beispiel hatte ich hier einen Kunden sitzen, der war recht zappelig. Aus Versehen habe ich ihm ein Ohrläppchen abgeschnitten. Lady hat es sofort aufgeschnappt, als es herunter fiel. Dabei ist sie anscheinend auf den Geschmack gekommen. Jetzt sitzt sie hier tagtäglich und wartet auf das nächste Häppchen!" Ich habe den Friseur ganz verdutzt und etwas beunruhigt angeschaut. Plötzlich stutzte der und meinte er: „Ach, mein Gott,

jetzt erkenne ich Sie erst wieder. Sie waren doch vor ein paar Wochen schon mal hier." – „Ja, ja, das stimmt."
„Wenn ich mich recht erinnere, wollten Sie doch damals direkt nach dem Besuch bei mir mit der nächsten Maschine nach Rom, stimmt das?", wollte er wissen. „Ja, ja, ganz recht." – „Und wie war es in Rom?" – „Also Rom hat mir sehr gut gefallen, am tollsten war ja die Audienz beim Papst!", strahlte ich. „Sie wollen mir doch nicht weiß machen, dass Sie auf einer Papstaudienz waren?", fragte er ungläubig. „Doch, das können Sie mir schon glauben!", entgegnete ich. „Ich war wirklich bei einer richtigen Papstaudienz." – „Na ja", meinte der Haarkünstler, „da haben Sie dann den Papst von weitem gesehen." – „Von wegen von weitem!", erklärte ich eifrig. „Ich habe direkt auf dem Boden vor dem Heiligen Vater gekniet. Und er hat mir mit seiner Hand über das Haar gestrichen." – „Wirklich vor dem Papst gekniet?", unterbrach er mich. „Und er hat Ihnen mit der Hand durch das Haar gestrichen? Das ist ja kaum zu glauben." – „Doch, das war aber so!"
„So, so. Mit der Hand durch das Haar gestrichen!", wiederholte der Friseur beeindruckt, „und hat er auch was zu Ihnen gesagt?" – „Ja, aber natürlich hat er mir auch etwas gesagt!" – „Ja, was denn?", wollte der Friseur jetzt wissen. „Na, er strich mir so über das Haar und schüttelte den Kopf und meinte dann ganz verwundert: ‚Bei wem lässt du dir die Haare schneiden? Das sieht ja nicht nur furchtbar aus, es fühlt sich auch furchtbar an!'" Irgendwie hat mir der Friseur da was übel genommen. Nun bin ich auf der Suche nach einem andern Haarschneidespezialisten.

Gelungene Retourkutsche

Kurz vor neulich musste ich als Beisitzer bei einer Abiturprüfung mitmachen. Das war unheimlich interessant. Also die meiste Angst hatten die Prüflinge ja nicht vor den Fragen der Prüfer, sondern vor ihren eigenen Antworten. Aber eine der Prüfungen, die war etwas ganz Besonderes. Davon muss ich Ihnen unbedingt erzählen.

Der Vortragende wirkt sehr seriös. Er hat einige Bücher oder Hefter bei sich.

Es war die Biologieprüfung. Der Prüfer – ein Professor von altem Schrot und Korn – war da besonders scharf drauf. Der hielt seine Disziplin für die wichtigste der Welt und jeden Prüfling für einen geborenen Idioten. Bisher war es noch keinem gelungen, bei ihm die Prüfung zu bestehen.

Ein junger Mann kam herein, man sah richtig, wie er sich an der Tür zusammenreißen musste, als er den Prüfer erblickte. Doch dann riss er sich zusammen und kam mit energischem Schritt auf uns zu. „Guten Tag, Herr Professor!", grüßte dieser forsch. „So, so, mein Lieber, Sie wollen also Ihr Examen in Biologie machen?", ergriff der Prüfer das Wort. „Na, haben Sie sich denn auch gründlich vorbereitet, um unsere Fragen beantworten zu können? Ja, dann mal Mut, junger Mann, Sie werden das schon schaffen!" – „Ich nehme doch an, Herr Professor, dass meine Vorbereitungen gut und ausreichend waren." – „Na, das werden wir ja gleich feststellen", meinte der Professor, „sehen Sie dort auf dem Tisch den Käfig stehen? Sagen Sie uns bitte, um was für einen Vogel es sich in diesem Käfig handelt!" Dabei deutete der Professor auf einen Käfig, der fast vollständig mit einem Tuch abgedeckt war.

Der Prüfling wollte natürlich sofort wissen: „Darf ich das Tuch abnehmen?" – „Lassen Sie bloß das Tuch, wo es ist!", herrschte ihn der Professor an. „Sie sehen doch die Füße des Vogels, das muss vollkommen ausreichen, um uns seinen Namen und alles weitere zu sagen!"
Verzweifelt schaute der Prüfling auf die Füße des Vogels, dann meinte er: „Nein, es tut mir leid. Ich weiß es nicht, Herr Professor!"
„So, so, Sie wissen es also nicht", sagte der Professor, „na, dann können wir ja wohl auf weitere Fragen verzichten. Wer einen Vogel nicht an seinen Füßen erkennen kann, der ist auch nicht würdig, in den Stand der Biologen erhoben zu werden. Sagen Sie uns noch kurz Ihren Namen und schicken dann den nächsten Prüfling herein!"
Da ging ein Strahlen über das Gesicht des Prüflings. Er bückte sich, zog seine Schuhe und Strümpfe aus und sagte: „Herr Professor, sehen Sie sich meine Füße an, Sie wissen dann schon wer ich bin!"

Der Vortragende demonstriert die Aktion des Prüflings.

Immer wieder mal 'ne Kur

Gesund und munter, Herrschaften, darauf kommt es an! Trimmt euch durch Sport. Lebt mäßig und atmet vorsichtig. Ja, atmet vorsichtig, denn die Luft ist auch nicht mehr das, was sie mal war. Es ist so viel Blei drin wie in einer Schrotflinte, so viel Mief wie in den Rohren der Kanalisation. Fahrt zur Kur, meine Freunde. Da ist die Luft noch rein. Da blüht der Weizen, trotzdem die Kasse nichts mehr zahlt!

Ich war gerade zur Kur in Bad Gesundbrunnen. Alles inklusive – aber alles von meinem eigenen Geld. Die Kasse hat sich da völlig rausgehalten! Mann, da kann man Piepen loswerden, da rollt der Rubel in lauter ausgestreckte Hände.

Also Kur: Ich drehe da meine ärztlich verordneten zweiunddreißig Runden um den sprudelnden Jungbrunnen im Kurpark, ich fühle mich fit und immer fitter und gucke mich um nach einem halbwegs passablen Kurschatten. Die passablen Angebote, die sind ja immer schon in festen Händen. Hüpft mir da so eine mittelmäßig erhaltene Fünfzigerin über den Weg und ruft in einem fort: „Ich kann laufen! Ich kann endlich wieder laufen!" – „Gnä' Frau", peile ich sie an, „da hat die Kur also ein echtes Wunder gewirkt?" – „Nee, wieso das denn?", fragt die Dame. „Ich kann endlich wieder laufen, weil mein Wagen kaputt ist!"

Wovon sprachen wir doch? Ach ja, die Kur. Ach, wissen Sie, es gibt so viele verschiedene Kuren, wie es Krankheiten gibt. Die Steinpils-Kur zum Beispiel. Kennen Sie die Steinpils-Kur? Nein? Die ist sehr zu empfehlen: ein Steinhäger, ein Pils. Noch'n Steinhäger, noch ein Pils.

Der Vortragende sollte fit, frisch und gesund wirken. Voller Elan und Spannkraft.

und Immer noch ein Steinhäger … Oder die Rheuma-Kur? Jaaa, die kennen Sie! Aber kennen Sie auch die, die gar nicht gegen Rheuma ist, sondern für die Linie? Die können Sie zu Hause machen. Dafür brauchen Sie die Kasse nicht anzubetteln. Immer dann, wenn's gerade so richtig gut schmeckt, dann sagen Sie einfach zu Ihrem immer dienstbereiten Ehegespons: „Räum ma' sofort den Tisch ab, Schätzchen!" … Und die Obst-Kur? Die macht aktiv. Die mobilisiert die besten Kräfte. Sie führen Ihren Kurschatten an ein stilles Plätzchen und fragen: „Sag, obst du mich liebst, Schatz?" Wie meinen Sie? Ach so, Sie wollen wissen, was ist, wenn der süße Kurschatten nein sagt. Dann ist das eben keine Obst-Kur, sondern 'ne Kaltwasser-Kur! Nach Pfarrer Kneipp. Kneippen ist ja sooo gesund! Was, das glauben Sie nicht? Dann lassen sie sich mal so richtig mit Litern von frischem, kaltem Brunnenwasser beschwappen. Das macht Beine! Da werden Lahme wieder sehend, Stumme sprachlos und Blinde können wieder laufen. Oder umgekehrt. Egal.

Der Redner nimmt einen Herrn aus dem Publikum aufs Korn.

Sie hätten noch eine Frage, gnä' Frau? Meinen Kurschatten betreffend? Das war eine süße Puppe! Wie ich an die rangekommen bin? Ganz einfach: Ich habe sie gleich am Bahnhof abgefangen. „Fräulein, wollen wir zusammen kneippen?" – „Ja, gern", hat sie gesagt. „Am liebsten Campari bitter." Die wurde dann also meine Sternschnuppe. Drei Wochen lang war sie mein Stern. Jetzt ist sie mir schnuppe! Sterne gibt's viele. Der ganze Himmel wimmelt davon.
Helau!

Nun fixiert er eine Dame aus dem Publikum.

Endgültig geheilt

Wissen Sie eigentlich was Rheuma ist? Ich kann Ihnen sagen, seien Sie froh, wenn Sie von dieser Geißel nicht geplagt werden. Mich hatte es im letzten Monat wieder fürchterlich erwischt. Was habe ich nicht alles versucht, nichts hat geholfen. Bis ich dann endlich zu einem Wunderheiler geschlichen bin.

Der ehemalige Rheumapatient demonstriert an Hand einiger Kniebeugen, dass er total beweglich ist. Keine Spur von Rheuma.

Komme ich da rein bei dem, sitzt da so ein mickriges Männchen mit pechschwarzem Haar hinter einem großen wuchtigen Schreibtisch. Auf dem Schreibtisch eine Kristallkugel und daneben ein ausgestopfter Rabe. Ich gehe auf den Schreibtisch zu und sage: „Sie sind also meine letzte Hoffnung!" Strahlt mich das Männchen an: „So, so, Ihre letzte Hoffnung. Na, dann nehmen Sie mal Platz. Und wenn Sie dann bequem sitzen, dann schildern Sie mir ganz genau, was ich für Sie tun kann."
Ja, als ich dann da saß, begann ich auch schon: „Also, das sage ich Ihnen gleich, ich persönlich halte ja nichts von Wunderheilern, aber meine Frau hat mich vorbeigeschickt, ich solle doch wenigstens diesen allerletzten Versuch noch machen. Das wäre ja nicht mehr mit anzusehen, mit meinem Rheuma. Und da ich selbst auch nicht mehr weiter weiß, habe ich mich trotz meiner Bedenken entschlossen, zu Ihnen zu kommen."
Bei meiner Rede waren die Blicke des Mannes immer finsterer geworden: „So, so, Sie halten also nichts von Wunderheilern, und das sagen Sie mir so frech ins Gesicht! Ich sollte Ihnen eigentlich jetzt sofort die Tür weisen. Aber da ich nun mal ein Mensch bin, der es sich zur Aufgabe gemacht hat, jedem zu helfen, egal ob er es verdient hat oder nicht, werde ich auch bei Ihnen

keine Ausnahme machen. Allerdings müssen Sie mir schon ein geringes Maß an Vertrauen entgegenbringen. Wollen Sie das versuchen?"
Ich sah vor Schmerzen keinen anderen Ausweg: „Natürlich werde ich das versuchen. Sie sind ja nun wirklich meine allerletzte Hoffnung. Ich wäre ja auch wohl kaum zu Ihnen gekommen, wenn ich von vornherein ausschließen würde, dass Sie mir helfen können."
„Na gut", gab sich der Wunderheiler zufrieden, „auf dieser Basis können wir zusammenarbeiten. Und jetzt schildern Sie mir bitte, was Ihnen fehlt." So begann ich: „Ja, also wissen Sie, ich war schon bei …zig verschiedenen Ärzten, aber keinem ist es gelungen, mich von meinem Rheuma im linken Knie zu befreien." – „Na, wenn es weiter nichts ist", sagte er lächelnd, „das werden wir gleich haben. Setzen Sie sich bitte gerade hin und schauen Sie mir tief in die Augen!"
Er nahm die Kristallkugel, blickte mir tief in die Augen und flüsterte beschwörend: „Sehen Sie mir tief in die Augen und sprechen Sie mir nach: Ich bin geheilt, ich bin geheilt, ich bin geheilt …"
Nun, gehorsam wie ich bin, habe ich ihm die Worte nachgesprochen. Plötzlich legte er die Kristallkugel zur Seite und sagte: „So, jetzt sind Sie Ihr Rheuma für immer los! Ich bekomme 1500 DM von Ihnen!"
Ich kann Ihnen sagen, ich bin vielleicht zusammengezuckt. Aber dann habe ich ihm die Kristallkugel aus der Hand genommen, ihm tief in die Augen geblickt und gesagt: „Jetzt schauen Sie *mir* tief in die Augen und sprechen Sie mir nach: Ich bin bezahlt, ich bin bezahlt, ich bin bezahlt, ich bin bezahlt …!"

Jägerfreud und Jägerleid

Ein zünftiges Jägeroutfit ist hier wohl angebracht.

Weil ich ein so ausgezeichneter Schütze bin und das Jägerlatein aus dem Effeff beherrsche, wurde ich Jäger. Nach dem Geheimnis meiner fabelhaften Treffsicherheit befragt, gab ich folgende Antwort: „Immer, wenn ich auf ein Stück Wild ziele, denke ich an meine Schwiegermutter – und kein Schuss geht jemals daneben!"
In meinem Revier gibt es – außer vierbeinigen – auch zweibeinige Rehe. Auf die lege ich aber nur an! Abdrücken hat mir meine Frau strengstens untersagt.
Vor kurzem veranstaltete ich eine tolle Treibjagd. Die gesamte Prominenz war erschienen – auch Herr Landrat Kraut und Herr Oberbürgermeister Rüben. Leider können sich beide politisch nicht riechen. Als der Herr Landrat später in gebückter Haltung über die Lichtung schlich, drückte der Herr Oberbürgermeister ab. 287 Schrotkörner verließen den Lauf. Wie der getroffene Herr Landrat dann drei gewaltige Sätze machte, schrie der Herr Oberbürgermeister immerzu: „Waidmannsheil – ein Känguruh!"
Bei der nächsten Treibjagd hat der Herr Oberbürgermeister dann gefehlt. Das tat dem anwesenden Herrn Landrat außerordentlich leid. Von wegen Revanche! Bei einem lauten Knall hat ihn nämlich mein Hund ins Bein gebissen. Leidtragender war diesmal auch unser Stargast: der Herr Innenminister Heu. Der wurde an der Stelle getroffen, wo immer die Sitzungen stattfinden. Diese fielen dann das nächste halbe Jahr aus.
Beim letzten Wildsautreiben kam ein angeschossener schwerer Keiler direkt auf mich zu. In meiner größten Not spreizte ich geistesgegenwärtig meine Beine und

hielt mich am Schwanz fest. Bis zu diesem Zeitpunkt war ich noch nie geritten. Jetzt lernte ich es. Mit beiden Absätzen am Schweinekopf lenkte ich, und mit dem Schwanz gab ich Gas. Immer im Kreis herum. Leider war in der Wildsau keine Bremse eingebaut. Auch wollte der Sprit nicht ausgehen. Als ich dem Eber aber dann mit dem Förster drohte, fiel er vor Schreck um und ließ sich von mir freiwillig erlegen. Und die Jagdgesellschaft? Die hat gelacht. Das hat im Wald so gerauscht, das Gelächter, dass die Eichhörnchen von den Bäumen fielen wie reife Früchte.

Vor kurzem hat mich beinahe ein Fuchs umgelegt. Ich lege auf ihn an, drücke ab, und die Kugel rast aus dem Lauf. Der Fuchs, schlau wie er war, ließ sich treffen, machte eine Wende und lenkte die Kugel in meine Richtung ab. Wie ein Bumerrang kam sie auf mich zugeflogen. Geistesgegenwärtig, wie ich nun mal bin, bücke ich mich rechtzeitig, wobei die Kugel hinter mir in einen Rehbock einschlägt und ihn erlegt. So ein unerhörtes Jagdglück hatte ich selten – zwei auf einen Streich!

Einem Jagdgast hat mein Hund Bello kürzlich einen frisch erlegten Hasen geklaut und ist damit abgehauen. Meint der mir nicht sehr genehme Jagdgast äußerst erregt: „Pfeifen Sie sofort Ihren Hund zurück!" Erwidere ich: „Pfeifen Sie doch nach Ihrem Hasen!"

Im letzten Sommer bin ich an einem heißen Juliabend auf meinem Hochsitz mitten im Wald eingeschlafen und in diesem Zustand auf ein darunter sich ausruhendes Liebespaar gefallen. Ich fiel dabei so unglücklich, dass ich neun Monate später einen Alimentenprozess am Hals hatte.

Die Liebespaare werden auch immer schlimmer. Die machen einem den ganzen Wald unsicher. Da weiß man tatsächlich nicht mehr, wenn etwas im Gras herumhoppelt, ist es ein vier- oder zweibeiniger Hase. Und wenn man dann unbeabsichtigt abdrückt, hat sie möglicherweise sogar die Pille vergessen.

In der Schule hat der Lehrer im Naturkundeunterricht die Kinder gefragt, was jagdbares Wild sei. Da haben sie aufgezählt: „Der Hase, das Reh, der Hirsch, die Schnepfe, die Wildsau …". Da ist auf einmal unser Fritz aufgestanden und hat laut gedroht: „Wenn ihr noch einmal meine Mutter beleidigt, ihr Schweine, schlage ich euch eine in die Fresse."

Anlässlich einer Jägersitzung wurde über den Begriff „Jägerlatein" diskutiert. Da sagte mein bester Freund zu mir: „Jägerlatein ist, wenn du jetzt behaupten würdest, du hättest mich gestern in deiner Jagdhütte mit deiner Frau in flagranti erwischt. Das kannst du nämlich deshalb nicht beweisen, weil wir erstens die Läden von außen und zweitens die Tür von innen zu und drittens das Licht ganz ausgemacht hatten."

Und nach dieser letzten Zeil'
ruf ich euch zu: Helau und Waidmannsheil!

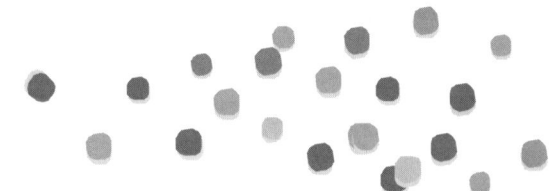

Gestern im Taxi

Gestern wollte mein Wagen mal wieder nicht so, wie ich wollte. Also ab zur nächsten Reparaturwerkstatt; dort habe ich mir den Meister geben lassen. Ja, für meinen Wagen ist ja nur das Beste gut genug!

„Meister", habe ich gesagt, „mein Wagen macht mir Kummer!" – „Na", sagte der, „nur die Ruhe, das werden wir wohl in den Griff kriegen. Geben Sie mir mal Ihren Kfz-Brief."

Während ich ihm den Brief reichte, wollte ich wissen, was mich das wohl kosten wird.

„Tja", fragte der Meister, „was fehlt Ihrem Wagen denn genau?" – „Also, so genau weiß ich das nicht. Mehr so ein allgemeines Unwohlsein. Verstehen Sie? Hier ein Klimpern, da ein Klappern." – „Ja, dann macht das genau 449,97 DM", meinte der Meister spontan. Um 16.00 Uhr können Sie Ihren Wagen wieder abholen." – „Ist in Ordnung", habe ich gesagt, „würden Sie mir bitte noch ein Taxi rufen, damit ich ins Büro komme!"

Fünf Minuten später fuhr mein Taxi vor. Ich stieg ein und nannte als Fahrtziel, die Anschrift meiner Arbeitsstelle. Dann lehnte ich mich bequem im Fond des Wagens zurück. Dabei fiel mein Blick auf meine Armbanduhr. „Oh!", dachte ich erfreut, „so früh ist es tatsächlich noch. Da könnte ich ja direkt noch ein paar Besorgungen machen." Um den Taxifahrer zu bitten, noch woanders vorbei zu fahren, beugte ich mich nach vorne und tippte ihm mit dem Zeigefinger auf die Schulter. Das hätte ich mal lieber lassen sollen! Also der Taxifahrer stieß einen irren Schrei aus – ungefähr so: Uaaaahh! – und trat voll in die Bremse. Er fiel mit dem

Ein Herr mit Aktenkoffer – in Anzug und Mantel – betritt die Bühne. An der Stirn hat er ein großes Pflaster.

Auf das Pflaster an der Stirn deuten und den Schrei nachahmen.

Kopf aufs Lenkrad, ich knallte mit der Stirn gegen den Vordersitz. Hinter uns lautes Bremsenquietschen und ein wildes Hupkonzert. Bald waren wir von einer Meute verärgerter Autofahrer umringt, die neugierig in unseren Wagen starrten.

Der Taxifahrer zitterte am ganzen Körper. Minuten vergingen, bis er sich, langsam zu mir umdrehte und sagte: „Sie müssen schon entschuldigen, mein Herr, aber ich war bis gestern bei einem Bestattungsunternehmen als Leichenwagenfahrer angestellt."

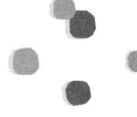

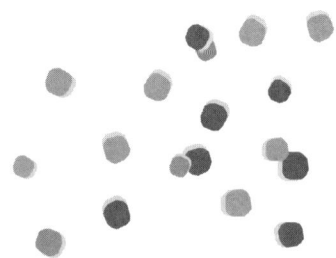

Ausgefallenes Rezept

Ich bin ja ein leidenschaftlicher Hobbykoch. Da ist es mir doch kurz vor neulich gelungen, meine Frau total zu verblüffen. Muss ich Ihnen einfach erzählen.
Ich hatte mir mal wieder vorgenommen, das Mittagessen zuzubereiten. Als ich dann fertig war, rief ich ins Wohnzimmer hinüber: „Schatzi, du kannst kommen, es ist angerichtet."
Schnuppernd kam meine Gattin in die Küche: „Na, dann will ich mal gucken, was du wieder angerichtet hast. Hhm, das riecht aber gut! Was gibt es denn heute?" – „Lass dich mal überraschen, mein Täubchen!", erwiderte ich. „Ich bin sicher, dass es dir ausgezeichnet munden wird." – „Ah", meinte sie, „ich sehe schon, es gibt Suppe! Das ist toll! Deine Suppen sind immer sehr lecker, mein Bär!"
Sie setzte sich an den Tisch und nahm voller Genuss den ersten Löffel zu sich. „Hhm", strahlte sie, „diese Suppe ist ein Gedicht! Was ist es für eine?" – „Das ist doch eine Fischsuppe, Liebling. Es freut mich, dass sie dir so gut schmeckt!" – „Fischsuppe?" fragte sie erstaunt, „also da wäre ich jetzt nie drauf gekommen. Du verwöhnst mich ja wieder! Eine Fischsuppe, herrlich. Aber die Zutaten müssen doch unheimlich teuer gewesen sein." – „Aber nein, mein Schatz", entgegnete ich, „die waren gar nicht teuer, die haben fast überhaupt nichts gekostet. Ich habe doch heute morgen das Wasser in unserem Aquarium gewechselt!"
Helau!

Haushaltsführung

Otto Normal tritt auf; das geheimnisvolle Haushaltsbuch seiner Frau trägt er bei sich.

Als ich gestern nach Büroschluss nach Hause kam, rief ich schon fröhlich von der Diele her: „Hallo, mein Schatz, da bin ich, freust du dich?"
Doch meine Frau hat mich sofort angefaucht: „Wo kommst du denn jetzt erst her? Du hattest bereits vor zwei Stunden Büroschluss. Das geht doch nicht mit rechten Dingen zu!"
„Oh", erwiderte ich, „das tut mir nun wirklich leid! Ein blöder Scherz der Kollegen: Keiner hat mich geweckt! Es soll auch bestimmt nicht wieder vorkommen."
Als ich in die Küche kam, saß meine Süße am Esstisch und schrieb. „Was schreibst du denn da?", wollte ich wissen. Voller Stolz drehte sich meine Frau um und sagte: „Ich führe doch schon seit drei Monaten ein Haushaltsbuch, damit wir feststellen können, wo unser ganzes Geld bleibt, das du nach Hause bringst. Habe ich dir das denn nicht gesagt?" Ich überlegte kurz und meinte dann: „Also eigentlich kann ich mich daran nicht erinnern, dass du mir das gesagt hättest. Aber ich finde, das ist eine gute Idee von dir! Darf ich mir das Haushaltsbuch mal ansehen? Das interessiert mich wirklich sehr!"
Sichtlich stolz reichte sie mir das Haushaltsbuch. „Aber natürlich, darfst du dir das Haushaltbuch ansehen, mein Schatz!"
Ich setzte mich an den Küchentisch und blätterte in ihrem Haushaltsbuch. Ich muss schon sagen, was ich da so auf Anhieb sah, gefiel mir recht gut. Alles war übersichtlich angeordnet. Anerkennend meinte ich: „Also, das ist ja wirklich toll! Endlich können wir mal

nachlesen, wofür wir unser Geld so ausgeben. So finden wir bestimmt auch heraus, wo wir eventuell noch etwas einsparen können. Nur eine Sache musst du mir noch erklären. Jede zweite Position nennst du GWW. Was bedeutet diese Eintragung, die hier so oft auftaucht?" – „Aber, Schatz", meinte sie, „das ist doch ganz einfach. GWW bedeutet: Gott weiß, wofür!"

Nun, ich habe das Ding vorerst konfisziert. Nächsten Sonntag nehme ich es mit in die Kirche, da soll mir Gott mal Rede und Antwort stehen, wofür der mein sauer verdientes Geld ausgibt.

Hält anklagend das Haushaltsbuch in die Höhe.

Wolle mer se reilasse?

Hrsg. D. Kunschmann,
80 S., kartoniert
ISBN: 3-635-60675-8
DM 9,90

Hrsg. D. Kunschmann,
80 S., kartoniert
ISBN: 3-635-60676-6
DM 9,90

Hrsg. D. Kunschmann,
80 S., kartoniert
ISBN: 3-635-60677-4
DM 9,90

Hrsg. D. Kunschmann,
80 S., kartoniert
ISBN: 3-635-60678-2
DM 9,90

Hrsg. D. Kunschmann,
80 S., kartoniert
ISBN: 3-635-60679-0
DM 9,90

Hrsg. D. Kunschmann,
80 S., kartoniert
ISBN: 3-635-60680-4
DM 9,90